JICHU KUAIJI
SHIXUN ZHIDAOSHOUCE

基础会计
实训指导手册

主编◎王茂明　吴　群

经济管理出版社
ECONOMY & MANAGEMENT PUBLISHING HOUSE

图书在版编目（CIP）数据

基础会计实训指导手册/王茂明，吴群主编. —北京：经济管理出版社，2014.6
ISBN 978-7-5096-3279-6

Ⅰ.①基…　Ⅱ.①王…②吴…　Ⅲ.①会计学—中等专业学校—教学参考资料　Ⅳ.①F230

中国版本图书馆 CIP 数据核字（2014）第 174708 号

组稿编辑：魏晨红
责任编辑：魏晨红
责任印制：黄章平
责任校对：张　青

出版发行：经济管理出版社
　　　　　（北京市海淀区北蜂窝 8 号中雅大厦 A 座 11 层　100038）
网　　　址：www.E-mp.com.cn
电　　　话：（010）51915602
印　　　刷：三河市延风印装厂
经　　　销：新华书店
开　　　本：889mm×1194mm/16
印　　　张：11.75
字　　　数：170 千字
版　　　次：2014 年 6 月第 1 版　2014 年 6 月第 1 次印刷
书　　　号：ISBN 978-7-5096-3279-6
定　　　价：36.00 元

国家级中等职业改革示范校系列教材
编 委 会

序

为深入推进国家中等职业教育改革发展示范学校建设，努力适应经济社会快速发展和中等职业学校课程教学改革的需要，贵州省商业学校作为"国家中等职业教育改革发展示范学校建设计划"第二批立项建设学校，按照"市场需求，能力为本，工学结合，服务三产"的要求，针对当前中职教材建设和教学改革需要，在广泛调研、吸纳各地中职教育教研成果的基础上，经过认真讨论，多次修改，我们编写了这套系列教材。

这套系列教材内容涵盖"电子商务"、"酒店服务与管理"、"会计电算化"、"室内艺术设计与制作"4个中央财政重点支持专业及德育实验基地特色项目建设有关内容，包括《基础会计》、《财务会计》、《成本会计》、《会计电算化》、《电子商务实务》、《网络营销实务》、《电子商务网站建设》、《商品管理实务》、《餐厅服务实务》、《客房服务实务》、《前厅服务实务》、《AutoCAD室内设计应用》、《3Ds Max室内设计与应用》、《室内装饰施工工艺与结构》、《室内装饰设计》、《贵州革命故事人物选》、《多彩贵州民族文化》、《青少年犯罪案例汇编》、《学生安全常识与教育》共19本教材。这套教材针对性强，学科特色突出，集中反映了我校国家改革示范学校的建设成果，融实用性与创新性、综合性与灵活性、严谨性与趣味性为一体，便于学生理解、掌握和实践。

编写这套系列教材，是建设国家示范学校的需要，是促进我校办学规范化、现代化和信息化发展的需要，是全面提高教学质量、教育水平、综合管理能力的需要，是学校建设职业教育改革创新示范、提高质量示范和办出特色示范的需要。这套教材紧密结合贵州省经济社会发展状况，弥补了国家教材在展现综合性、实践性与特色教学方面的不足，在中职学校中起到了示范、引领和辐射作用。

目　录

演练任务一

原始凭证

【演练目的】

（1）掌握常见的原始凭证的填制方法。

（2）具备通过阅读原始凭证了解经济业务的能力。

项目任务书

任务名称	原始凭证		任务编号	001	时间要求	10 课时
要　求	1. 掌握填制各种常见的原始凭证 2. 具备通过阅读原始凭证了解经济业务的能力					
重点培养的能力	原始凭证的正确填制及读懂原始凭证判断出业务性质					
涉及知识	原始凭证的种类、填制					
教学地点	教室、机房		参考资料			
教学设备	投影设备、投影幕布、能上网的电脑					
训练内容						
原始凭证的填制						
训练要求						
1. 要求学生掌握各种原始凭证的填制 2. 要求学生能通过原始凭证判断出经济业务，从而为进一步的学习打下基础						
成果要求及评价标准						
1. 归纳业务的内容与性质（25 分） 2. 填写原始凭证（75 分）						
任务产出一	成员姓名与分工	成　员		学　号		分　工
		组　长				
		成员 1				
		成员 2				
		成员 3				

续表

任务产出一	成员姓名与分工		成 员	学 号	分 工
		成员4			
		成员5			
		成员6			

任务产出二	1. 归纳银行进账单（收账通知）描述的经济业务（5分） 2. 归纳借款借据（收账通知）描述的经济业务（5分） 3. 归纳固定资产验收单描述的经济业务（5分） 4. 归纳增值税专用发票描述的经济业务（5分） 5. 归纳同城委托收款（付款通知）描述的经济业务（5分） 6. 根据经济业务填写增值税专用发票（9分） 7. 根据经济业务填写电汇凭证（回单）（6分） 8. 根据经济业务填写收料单（6分） 9. 根据经济业务填写出库单（6分） 10. 根据经济业务填写银行进账单（收账通知）（3分） 11. 根据经济业务填写转账支票（6分） 12. 根据经济业务填写现金支票（3分） 13. 根据经济业务填写税收缴款书（6分） 14. 根据经济业务填写工资结算汇总表（3分） 15. 根据经济业务填写报销单（3分） 16. 根据经济业务填写收据（6分） 17. 根据经济业务填写承兑汇票（3分） 18. 根据经济业务填写汇总表（6分） 19. 根据经济业务填写计算表（3分） 20. 根据经济业务填写内部转账单（6分）

项目组评价		总分	
教师评价			

【演练内容】

（1）归纳企业业务的内容及性质。

（2）填写相应的空白原始凭证。

【备品准备】

黑色的水笔、夹子、塑料袋。

【演练资料】

一、银行进账单

银行进账单（收账通知）

年 月 日　　　　　　　　　　　　　第 号

付款人	全称		收款人	全称										
	账号			账号										
	开户银行			开户银行										
人民币（大写）				千	百	十	万	千	百	十	元	角	分	
用途			收款人开户银行盖章											

二、银行借款借据

中国工商银行借款借据（收账通知）

借款企业名称：　　　　　　　　　　年 月 日

贷款种类		贷款账号		存款账号								
借款金额				亿	仟	佰	拾	万	仟	佰	拾	元	角	分
借款用途												
约定还款期： 个月　　期限： 年 月 日至 年 月 日												

上列款项已批准发放，转放你单位存款账户。 此致 　　　　　　单位 　　　　　　（银行盖章）	单位分录 （借） （贷） 主管　　会计复核　　记账 　　　　　　　　　　　　年 月 日

三、固定资产验收单

固定资产验收单

年 月 日

名称及规格	单位	数量	总值金额	总值中的安装费	使用年限	预计残值	存放地点

注：预计净残值率5%，该设备系顺达公司投入

验收部门：　　　　验收人：　　　　承办负责人：　　　　制单：

四、增值税专用发票

增值税专用发票

开票日期：　　年　　月　　日　　　　　　　　　　NO：5347834

购货单位	名称				纳税人登记号														
	地址电话				开户银行及账号														
货物或应税劳务名称	规格型号	计量单位	数量	单价	金额								税率	税额					
					十	万	千	百	十	元	角	分		千	百	十	元	角	分
合计																			
价税合计																			
销货单位	名称							纳税人登记号											
	地址电话							开户银行及账号											

发票联

销货单位（章）：　　　　收款人：　　　　复核：　　　　开票人：

五、同城委托收款

同城委托收款（付款通知）

委托日期：　　年　月　日　　　　　　　　　　第　号

付款人	全称		收款人	全称										
	账号			账号										
	开户银行			开户银行										
委托收款				千	百	十	万	千	百	十	元	角	分	
款项内容		委托收款凭证名称		附寄单证张数										
备注：				付款单位须知：										

单位主管：　　会计：　　复核：　　记账：　　付款人开户行收到日：　　年　　月　　日

六、电费分配表

电费分配表

年　月　日

用电单位	用电量（千瓦时）	电费分配（元）
车间生产用电		
管理部门用电		
合　计		

审核：　　　　　　　　　填表：

七、电汇凭证（回单）

中国农业银行电汇凭证（回单）

委托日期　年　月　日　　　　　　　　　　　　　　　　　第 101 号

付款人	全称				收款人	全称				
	账号					账号				
	汇出地点		汇出行名称			汇入地点		汇入行名称		

金额	人民币（大写）	千	百	十	万	千	百	十	元	角	分

汇款用途：

上列款项已委托银行办理，持此回单查询　　　　　　　　　　（汇出行盖章）

单位主管　　会计　　出纳　　记账　　　　　　　　　　　　年　月　日

八、收料单

收料单

发票号：　　　　　　　　　　　　　年　月　日　　　　　　　编号：001

供应单位				材料类别及编号		（略）
材料名称及规格	单位	数　量		实际成本			
		发票	实收	发票价格	运杂费	合计	单价
			备注				

核算：　　　主管：　　　保管：　　　检验：　　　交库：

九、出库单

出库单　　　　　　　　　　　第 1001 号

收货单位：　　　　　　　　　年　月　日

货号	品名	单位	数量	单价	金额	备注

负责人：　　　　　发货经手人：

十、银行转账支票

转账支票

中国农业银行 转账支票存根 支票号码 NO.2187 科　目： 对方科目： 签发日期：　年 月 日 收款单位：＿＿＿＿ 金　额：＿＿＿＿ 用　途：＿＿＿＿ 单位主管　　会计	中国农业银行转账支票　　　支票号码 NO.2187 签发日期　　年　月　日 收款单位：＿＿＿＿　　签发单位账号 707-045-1958

人民币 （大写）	十	万	千	百	十	元	角	分

用途＿＿＿＿　　　　银行会计分录：
　　　　　　　　　上列款项申请由
我账户内付给　　　　科目（付）＿＿＿＿

付讫日期　年 月 日

签发单位盖章　　　出纳　复核　记账

十一、税收缴款书

中华人民共和国
税收缴款书

缴款单位（人）	代码		预算科目	编码	
	全称			名称	
	开户银行			级次	
	账号			收款国库	

| 税款所属时期：　年　月 | | | 税款缴款日期：　年 月 日 | | | | | | | | | | | |

品目名称	课税数量	计税金额或销售收入	税率或单位税额	已缴或扣除额	实缴金额										
					亿	千	百	十	万	千	百	十	元	角	分
城市维护建设税	随增值税、消费税、营业税的税率征收		％												
教育费附加	随增值税、消费税、营业税的税率征收		％												
防洪工程维护费	随增值税、消费税、营业税的税率征收		％												
金额合计（大写）：															
缴款单位（人）（盖章）经办人（章）	税务机关盖章（盖章）填票人（章）	上列款项已收妥并划转收款单位账户国库（银行）盖章　年月日			备注：＿＿＿＿										

逾期不缴税按税法规定加收滞纳金

十二、商业零售专用发票

商业零售专用发票

购货人：　　　　　　　　　　　　　年 月 日　　　商字（三）

商品名称	规格	数量	单位	单价	十	万	千	百	十	元	角	分	
													发票联
合计													
合计（大写）													

企业名称：　　　　　　　会计：　　　　　　　制表：

十三、差旅费报销单

差旅费报销单
年 月 日

单位名称		姓名		职务			
出差事由				出差日期			
到达地点							
项目金额	交通费				住宿费	伙食补助	
	火车	汽车	轮船	其他	标准间 天	在途 天	住勤 天

总计金额人民币（大写）：

审批：　　　　　　领款人：	备注：

财务主管：　　　　　　出纳：

十四、税务局工商收款单

天津市国家税务局工商统一
收 据　　　　　NO.0214631
年 月 日

今收到_____

交来_____

人民币（大写）_____　　￥_____

收款单位

公　章_____　　　　收款人：　　　　交款人：

十五、商业承兑汇票

商业承兑汇票

委托日期:　　年　月　日　　　　　　　　第　号

付款人	全称		收款人	全称	
	账号			账号	
	开户银行			开户银行	

汇票金额	人民币(大写)	千	百	十	万	千	百	十	元	角	分

汇票到期日	年　月　日	交易合同号码:

本汇票已经本单位承兑,到期日无条件支付票款 此致!　　　　付款人盖章 负责人:　　经办人: 　　　　　　年　月　日	汇票签发人盖章 负责人:　　经办人:

十六、专用结算凭证

专用结算凭证

单位:大地通信有限公司　　　　　　年　月　日　　　　　　第　号

商品名称	规格	数量	单位	单价	百	十	万	千	百	十	元	角	分
合计													
合计(大写)													

发票联

企业名称(盖章):　　　　会计:　　　　制表:

十七、制造费用分配表

制造费用分配表

借方科目		生产工人工资(元)	制造费用分配率	分配的制造费用
总账科目	明细科目			
合 计				

制表:　　　　　　　　　　记账:

十八、产品成本计算表

产品成本计算表

产品种类 项目	成本计算		
			合 计
直接材料			
直接人工			
制造费用			
总成本			
单位成本			

制表： 记账：

十九、内部转账单

内部转账单

年 月 日

项 目	科 目	金 额
应借科目	本年利润	
应贷科目	管理费用 销售费用 主营业务成本	

会计主管： 审核： 制单：

【案例引导】

【范例1】支票的填写方法

支票按正本、存根、背面顺序填写，最后盖章。支票正本上的出票日期填写大写日期；收款人填写全称（本单位全称）；付款行名称及出票人账号填写出票人开户行名称及账号；金额栏，同时填写大小写金额（小写金额前填写人民币符号"￥"）；用途栏填写款项用途；支票存根上的出票日期和金额，填写阿拉伯数字。科目栏和对方科目栏不要填写。

上述内容填好后，检查有无错误。如发现填错，加盖"作废"戳记后留存，重新签发。若检查后无错误，在正本的空白（靠左）加盖"财务专用章"和法人代表章（银行预留印鉴）。在实际工作中，把填好的支票按骑缝线剪开，持正本到银行提现金或支付给收款人，支票存根则作为记账依据。

转账支票

中国工商银行	中国工商银行转账支票　　支票号码 VII II 01142635
支票存根	签发日期 贰零壹零 年 零贰 月零贰拾日
支票号码 VII II 01142635	收款单位：广百公司　　签发单位账号 08-86538002829

中国工商银行
支票存根
支票号码 VII II 01142635
科　目：
对方科目：

签发日期：2010 年 2 月 20 日

收款单位：广百公司
金　额：¥2000.00

用　途：购买办公用品

单位主管王伟波　会计武旭

中国工商银行转账支票　　支票号码 VII II 01142635
签发日期 贰零壹零 年 零贰 月零贰拾日
收款单位：广百公司　　签发单位账号 08-86538002829
人民币
（大写）贰仟元整
本支票付款期限十天

	百	十	万	千	百	十	元	角	分
			¥	2	0	0	0	0	0

用途　购买办公用品
上列款项申请由
我公司账户内付给

银行会计分录：
科目（借）_____
对方科目（贷）_____

付讫日期　年 月 日

签发单位盖章　　出纳　　　复核　　　记账

【范例 2】银行汇票委托书的填写

中国工商银行汇票委托书（存根）1
委托日期：2010 年 3 月 10 日　　　　　　　　　　第 2 号

汇款人	广东宜适家具有限责任公司	收款人	青岛长城公司
账号和住址	08-86538002829	账号和住址	332564898702
兑付地点	山东省青岛市	兑付行　中国工商银行青岛分行	汇款用途	购买打包机
汇款金额	人民币（大写）壹佰伍拾万元整　　　　¥1500000.00		
备注：			

财务主管：陈梅梅　　复核：　　经办：刘 梦

【范例 3】汇兑凭证的填写

电汇凭证（回单）
中国工商银行电汇凭证（回单）1
委托日期：2010 年 10 月 10 日　　　　　　　　第 2003 号

付款人	全称	广东宜适家具有限责任公司	收款人	全称	佛山诚信沙发配件公司
	账号	08-86538002829		账号	01-5554213689
	汇出地点	广东省深圳市	汇出行名称	中国工商银行江门市分行环市路支行	汇入地点	广东省佛山市	汇入行名称	佛山市招商银行

金额	人民币（大写）捌万元整	千	百	十	万	千	百	十	元	角	分
					¥	8	0	0	0	0	0

汇款用途：购材料
上列款项已委托银行办理，持此回单查询
单位主管　　会计　　出纳　　记账

（汇出行盖章）

2010 年 10 月 10 日

【范例4】收料单的填写

收料单（产品入库单）是企业将材料、产成品验收入库时由仓库保管员填写的。

（1）应用蓝（黑）色复写纸一次性复写各联。一般一式四联，其中，第一联存根，第二联由保管员用以登记材料、产成品保管账，第三联交财会部门，据以核算材料及产成品入库的实际成本，第四联交统计部门。

（2）各项内容应填写齐全，书写规范。

（3）各有关责任人签名盖章。

收料单

发票号：0023236　　　　　　　　2010 年 12 月 7 日　　　　　　　　编号：001

供应单位	广东华联家具配件公司		材料类别及编号		（略）	
材料名称及规格	单位	数　量		实际成本		
		发 票	实 收	发票价格	运杂费	合 计	单 价
弹簧	个	10000	10000	20000		20000	2.00
备　注：							

核算：张万　　主管：陈明　　保管：孙明亮　　检验：王强　　交库：李晓丽

【范例5】领料单的填写

领料单（产品出库单）是由领用部门在领用材料及销售产品时填写。填写方法与收料单、产品入库单的填写方法相同。仓库审核发出材料或产成品后将其中第三联交财会部门，据以核算材料、产成品的发出和相关材料费用及产品销售成本。

领料单

领料单位：生产车间　　　　　　　2010 年 12 月 8 日　　　　　　　编号：001

用　途	生产	材料类别及编号		（略）	
材料名称及规格	单　位	请领数	实发数	单　价	金　额
弹簧	个	200	200	1.6	¥320
海绵	厘米	1000	250	16	¥4000
海绵	厘米	750	750	15	¥11250
备注					

领料单位负责人：陈明　　记账：　　　发料：孙明亮　　领料：杨红英

第二联 记账联

【范例6】完工产品成本计算表和入库单的填写

完工产品成本计算表

2010 年 12 月 31 日

成本项目 ＼ 产品种类	沙 发			合 计
直接材料	15570.00			15570.00
直接人工	17100.00			17100.00
制造费用	42579.49			42579.49
总成本	75249.49			75249.49
单位成本	1368.17			1368.17

会计主管：陈梅梅　　　　审核：武旭　　　　制单：王丹丹

入 库 单

2010 年 12 月 31 日

生产部门：生产车间　　　　　　　　　　　　　　　　　　第 001 号

物品名称	规格	单位	送验数量	实收数量	金 额									备注
					千	百	十	万	千	百	十	元	角	分
沙发		套	55	55			¥	7	5	2	4	9	4	9
合计							¥	7	5	2	4	9	4	9

单位主管：王伟波　　　会计主管：陈梅梅　　　验收人：孙光明　　　交库人：刘子俊

第三联 会计记账

【范例7】增值税专用发票的填写

增值税专用发票是一般纳税人企业销售应税货物或劳务取得收入时，向购货方填写出具的发票。其填写要求如下：

（1）应使用蓝（黑）复写纸，一次性将各联次套写，不得将各联次分别填写。增值税专用发票一般一式四联，其中，第一联存根，第二联发票联，第三联抵扣联，第四联记账联。第二、第三联交购货单位，第四联交企业财会部门，据以核算产品销售收入和增值税销项税额。

（2）按号码顺序使用，填写字迹清楚，不得涂改、挖补，作废的发票应加盖"作废"字样，并将原有各联附在存根联上，将已用发票的存根保存好，以备税务部门验收。

（3）填写内容齐全，具体包括以下事项：

①开票日期按公历用阿拉伯数字填写。

②购货单位名称填写全称，纳税人识别号按税务登记代码填写。

③货物或应税劳务名称、规格型号、计量单位、数量、税率按实际情况填写；金额应填写不含税的销售额；税额、价税合计应计算准确。

④销货单位的名称、地址、电话、税务登记号、开户银行及账户均应填齐，并加盖单位发票专用章（第一联、第四联不加盖）。税控机开出的增值税专用发票要求与手工开出的基本相同，税控发票一式七联。

填列购货单位
有关资料

填写出票日期

广东增值税专用发票

4400011140

NO. 00012125

开票日期：2001 年 12 月 17 日

购货单位	名称：广东立竣机床股份有限公司 纳税人识别号：556652347834903 地址、电话：广州市海珠区新港西路 888 号 开户行及账号：中行海珠支行 (020) 84480608 8350000100101			密码区	2/1<+<<395120-994b*02 4-99809+<-605425948<0 *8544-943+119——21310 440011140 -5-0<48>>2+564658>>2>		
货物或应税劳务名称	规格型号	单位	数量	单价	金额	税率	税额
生 铁		吨	120	10000.00	120000.00	17%	20400.00
				填列业务内容			
合 计					¥120000.00	17%	¥20400.00
价税合计（大写）	⊗壹拾肆万零肆佰圆整					(小写) ¥140400.00	
销货单位	名称：广州市衡阳钢铁厂 纳税人识别号：510108520123403 地址、电话：广州市衡阳路 88 号 开户行及账号：87806755			填列销货单位 有关资料			

填列购货单位
有关资料

国税函（2000）1004 号 海南华森印务有限公司

第二联：发票联购货方记账使用

收款人：有关人员签章

开票人：宋珍

广州市衡阳钢铁厂
440104017413408
发票专用章

【范例 8】银行进账单的填写

当企业持转账支票、银行本票和银行汇票等到银行办理转账时，须填制进账单。进账单一般一式三联，第一联为回单，是出票人开户银行交给出票人的回单；第二联为贷方凭证，由收款人开户银行作贷方凭证；第三联为收账通知，是收款人开户银行交给收款人的收账通知。进账单中须填写下列项目：收款人或付款人全称为企业在银行开户名称；账号为开户银行账号；开户银行为开户银行全称；大写金额应紧接"人民币"书写；小写金额要与大写金额相对应；票据种类一般为转账支票、银行本票和银行汇票等；票据张数为送存银行的票据张数。

中国工商银行进账单（收账通知）

2010 年 12 月 15 日 第 07598 号

付款人	全称	广东省佛山市联兴家具商场	收款人	全称	广东宜适家具有限责任公司									
	账号	05-15428654721		账号	08-86538002829									
	开户银行	中国工商银行佛山市分行莲花支行		开户银行	中国工商银行江门市分行环市路支行									
金额(大写)	人民币 伍拾贰万陆仟伍佰元整		仟	佰	拾	万	仟	佰	拾	元	角	分
						¥	5	2	6	5	0	0	0	0
票据种类	电汇凭证											
票据张数	壹		收款人开户银行签章									
单位主管： 会计： 复核： 记账：												

【范例 9】借支单的填写

借支单

2008 年 6 月 4 日

借款部门	采购部		职别	职员	出差人姓名	李明
借款事由	公务出差西安				现金付讫	
借款金额人民币（大写）		壹仟伍佰元整				¥1500.00
批准人	王 武		部门负责人	刘一明	财务负责人	孙立

收款人：李明

【范例 10】普通发票的填写

普通发票是企业销售应税货物或劳务而取得收入时，向购货方填写出具的发票。其填写要求如下：

（1）应使用蓝（黑）复写小纸，一次性将各联次套写，不得将各联次分别填写。普通发票一般一式三联，其中，第一联存根，第二联发票联，第三联记账联，第二联交购货单位，第三联交企业财会部门，据以核算产品销售收入和增值税销项税额。

（2）按号码顺序使用，填写字迹清楚，不得涂改、挖补，如属裁剪发票，发票联大写与剪券剪留的金额相符，否则视为无效发票。作废的发票应加盖"作废"字样，并将原有各联附在存根联上，已用发票的存根保存好，以备税务部门验收。

（3）填写内容齐全，具体包括以下事项：

①开票日期按公历用阿拉伯数字填写。

②购货单位名称填写全称。

③货物或应税劳务名称、规格型号、计量单位、数量，按实际情况填写，并加盖单位发票专用章（第一联、第三联不加盖）。

吉林省商业零售统一发票

购货单位：新发股份有限公司　　　　2004 年 11 月 20 日　　　　　　NO：763629

商品名称	单位	规格	数量	单价	金 额						备注
					仟	佰	拾	元	角	分	
劳动手套	副		50	3.00		1	5	0	0	0	
工作服	套		30	110.00	3	3	0	0	0	0	
劳动鞋	双		10	58.65		5	8	6	5	0	
人民币	(大写) 肆仟零叁拾陆元伍角零分									¥4036.50	

开票人：张影　　　　收款人：陈玉　　　　销售单位（未盖章无效）：

【范例11】现金缴款单的填写

现金缴款单形式为三联式，第一联，银行记账凭证，留给银行做账。第二联，收款人入账通知。第三联，缴款人受理回执。现金缴款单的填制方法：收款人户名、收款人账号、缴款人、收款人开户行、款项来源、存款数大写时，开头不能留有空白，小写时要在数字最开头加人民币符号。

券别、张数是把存款数量按每张面值归类。存款过程：填写一张现金缴款单，到银行将现金缴款单以及存款交给银行工作人员。银行工作人员清点好存款，将现金缴款单的回单盖上现金收讫章退回。

中国农业银行 AGRICULTURAL BANK OF CHINA

现金缴款单

2007 年 7 月 1 日　　　　序号：

客户填写部分	收款人户名	吴江市盛信电缆有限责任公司											
	收款人账号	544601040001867					收款人开户行	吴江市八都农行					
	缴款人	苏州通鼎担保投资有限公司					款项来源	借款					

币种 (√)	人民币 √	大写：壹仟贰佰叁拾肆万伍仟陆佰柒拾捌圆整	亿	千	百	十	万	千	百	十	元	角	分
	外币：		¥	1	2	3	4	5	6	7	8	0	0

券别	100元	50元	20元	10元	5元	2元	1元		辅币(金额)
张数									

银行填写部分
日期：　日志号：　交易码：　币种：
金额：　终端号：　主管：　柜员：

第一联 银行记账凭证

制票：　　　复核：

【演练要求及步骤】

演练要求：

（1）通过演练，要求学生能熟练判断企业业务的内容与性质。

（2）掌握各种原始凭证的编制。

本实训所涉公司背景：

（1）公司名称：大地通信有限公司。

（2）企业地址：天津和谐路 200 号，电话：12347658，邮政编码：300384。

（3）纳税人登记号：001204252001356。

（4）开户银行：基本存款户，中国农业银行天津市分行红旗分理处，账号：707-045-1958。

（5）企业性质：国有企业，一般纳税人。

（6）经营范围：手机生产与销售，主要产品为 908 型手机和 809 型手机。

（7）所用四种主要材料：甲材料、乙材料、丙材料、丁材料。

（8）会计记账方法：借贷记账法。

（9）法定代表人：徐福。

（10）会计岗位分工：

会计主管：赵甲；出纳：王春；总账会计：李树；明细账会计：王丁。

（11）账务处理程序：科目汇总表账务处理程序。

（12）本公司账户期初资料。

①大地通信有限公司 2012 年 12 月 1 日各总分类账户余额资料：

账户名称	借方余额	账户名称	贷方余额
库存现金	1200.00	累计折旧	120000.00
银行存款	799105.00	短期借款	25000.00
应收票据		应付账款	130000.00
应收账款	35100.00	应付职工薪酬	
其他应收款	900.00	应交税费	23826.00
在途物资		其他应付款	
原材料	164000.00	应付股利	36000.00
周转材料	500.00	应付利息	1100.00
库存商品	210000.00	长期借款	150000.00
预付账款	1345.00	实收资本	1020900.00
固定资产	1000000.00	资本公积	
无形资产	160000.00	盈余公积	403524.00
待处理财产损溢	2200.00	本年利润	900000.00
生产成本	36000.00		
制造费用			
利润分配	400000.00		
合计	2810350.00	合计	2810350.00

②大地通信有限公司 2012 年 12 月 1 日有关明细分类账户余额资料：

总账	明细账	数量	单价	余额
原材料	甲材料	80 千克	50.00	4000.00
	乙材料	300 盒	100.00	30000.00
	丙材料	100 吨	500.00	50000.00
	丁材料	40 吨	2000.00	80000.00
周转材料	包装盒	100 个	5.00	500.00
库存商品	908 型手机	200 部	500.00	100000.00
	809 型手机	110 部	1000.00	110000.00

会计科目	型号	直接材料	直接人工	制造费用	合 计
生产成本	809 型手机	10033.69	5242.61	4723.7	20000.00
	908 型手机	8310.98	4044.68	3644.34	16000.00

③大地通信有限公司 2012 年 12 月 1 日固定资产账户余额资料：

总账	明细账	期初余额	总账	明细账	期初余额
固定资产	生产车间厂房	250000	累计折旧	生产车间厂房	40000
	生产车间设备	230000		生产车间设备	30000
	销售部门固定资产	200000		销售部门固定资产	25000
	管理部门固定资产	320000		管理部门固定资产	25000

一、归纳业务的内容与性质

要求：归纳具体业务的内容与性质。

（1）填写银行进账单。

银行进账单（收账通知）

2012 年 12 月 2 日　　　　　　　　　　　　　　　第 159 号

付款人	全称	通信总公司	收款人	全称	大地通信有限公司										
	账号	125-777222		账号	707-045-1958										
	开户银行	中国工商银行解放分理处		开户银行	中国农业银行天津市分行红旗分理处										
人民币（大写）	壹拾伍万元整			千	百	十	万	千	百	十	元	角	分	
					¥	1	5	0	0	0	0	0	0	0
用途	投资			收款人开户银行盖章										

该原始凭证描述的经济业务是：

（2）借款借据。

中国工商银行借款借据（收账通知）

借款企业名称：大地通信有限公司　　　　2012 年 12 月 3 日

贷款种类	流动资金贷款	贷款账号	12-6880	存款账号	707-045-1958								
借款金额	人民币壹拾壹万元整			亿	仟	佰	拾	万	仟	佰	拾	元	角	分
						¥	1	1	0	0	0	0	0	0

借款用途：生产周转资金

约定还款期：6 个月　　期限：2012 年 12 月 3 日至 2013 年 6 月 2 日

上列款项已批准发放，转放你单位存款账户。 此致 　　　　　　单位 　　　（银行盖章）	单位分录 （借） （贷） 主管　会计 武旭 复核　记账 　年　月　日

该原始凭证描述的经济业务是：

（3）固定资产验收。

大地通信有限公司固定资产验收单
2012 年 12 月 5 日

名称及规格	单位	数量	总值金额	总值中的安装费	使用年限	预计残值	存放地点
生产车间设备	台	1	45000.00	0.00	5 年	2250.00	生产车间

注：预计净残值率5%，该设备系顺达公司投入

验收部门：设备科　　验收人：李顺　　承办负责人：张平　　制单：王浩

该原始凭证描述的经济业务是：

（4）开具增值税专用发票。

天津市增值税专用发票

开票日期：　2012 年 12 月 8 日　　　　　　　　　　　NO：5347834

购货单位	名称	大地通信有限公司				纳税人登记号					001204252001356						
	地址电话	天津和谐路 200 号 12347658				开户银行及账号					中国农业银行天津市分行红旗分理处 707-045-1958						

货物或应税劳务名称	规格型号	计量单位	数量	单位	金 额								税率	税 额					
					十	万	千	百	十	元	角	分		千	百	十	元	角	分
乙材料		盒	30	100			3	0	0	0	0	0	17%		5	1	0	0	0
合计						¥	3	0	0	0	0	0		¥	5	1	0	0	0
价税合计	（大写）叁仟伍佰壹拾圆整　　　¥3510.00																		

销货单位	名称	绿源公司	纳税人登记号	104259587374126
	地址电话	前进路 40 号 43425687	开户银行及账号	中国建设银行天津市分行 851-765

销货单位（章）：　　　收款人：李某　　　复核：王某　　　开票人：赵某

该原始凭证描述的经济业务是：

（5）委托收款。

同城委托收款（付款通知）

委托日期：2012 年 12 月 25 日　　　　　　　　　　第×××号

付款人	全称	大地通信有限公司	收款人	全称	西城电业局
	账号	707-045-1958		账号	31-75-226
	开户银行	中国农业银行天津市分行红旗分理处		开户银行	中国工商银行长江分理处

委托收款	人民币（大写）肆仟元整		千	百	十	万	千	百	十	元	角	分
						￥	4	0	0	0	0	0

款项内容	电费	委托收款凭证名称		附寄单证张数	15

备注：　　　　　　　　　　　　　　付款单位须知：

单位主管：　　会计：　　复核：　　记账：　　付款人开户行收到日：　年　月　日

该原始凭证描述的经济业务是：

（6）电费分配。

大地通信有限公司电费分配表

2012 年 12 月 31 日

用电单位	用电量（千瓦时）	电费分配（元）
车间生产用电	5000.00	2500.00
管理部门用电	3000.00	1500.00
合　计	8000.00	4000.00

审核：　　　　　　　　　填表：

该原始凭证描述的经济业务是：

二、填写原始凭证

要求：根据下列各经济业务填写相应的空白原始凭证。

（1）12月8日，向金羊城公司购入甲材料一批40千克，单价50元，货款2000元，增值税税率17%，通过银行电汇结算。

南昌市增值税专用发票

开票日期：2012年12月8日　　　　NO：8347234

购货单位	名称	大地通信有限公司		纳税人登记号						001204252001356						
	地址电话	天津和谐路200号 12347658		开户银行及账号						中国农业银行天津市分行红旗分理处 707-045-1958						
货物或应税劳务名称	规格型号	计量单位	数量	单位	金额						税率	税额				
					十	万	千	百	十	元	角	分		千	百	十	元	角	分
甲材料		千克														
合计							¥							¥		
价税合计	（大写）			¥												
销货单位	名称	金羊城公司		纳税人登记号						522000111333999						
	地址电话	解放路19号81987799		开户银行及账号						中国建设银行南昌市分行419-9998						

销货单位（章）：　　收款人：　　复核：　　开票人：

中国农业银行电汇凭证（回单）

委托日期：　年　月　日　　　　第101号

付款人	全称		收款人	全称										
	账号			账号										
	汇出地点	汇出行名称		汇入地点	汇入行名称									
金额	人民币（大写）			千	百	十	万	千	百	十	元	角	分	
汇款用途：				（汇出行盖章）										
上列款项已委托银行办理，持此回单查询														
单位主管：　会计：　出纳：　记账：				年　月　日										

收 料 单

发票号：8347234 2012 年 12 月 8 日 编号：001

供应单位		金羊城公司		材料类别及编号		(略)	
材料名称及规格	单位	数 量		实 际 成 本			
		发票	实收	发票价格	运杂费	合 计	单 价

备 注：

核算：张万   主管：陈明   保管：孙明亮   检验：王强   交库：李晓丽

（2）12 月 8 日，销售给大唐公司产品一批，其中销售 908 型手机 50 部，单价 1000 元，809 型手机 20 部，单价 3500 元，销售货款计 120000 元，增值税税率为 17%，全部款项已经收妥入账。

天津市增值税专用发票

开票日期：2012 年 12 月 8 日   NO：22247320

购货单位	名称	大唐公司				纳税人登记号				478038362137868						
	地址电话	天津南京路 10 号 81614123				开户银行及账号				中国工商银行南京路分理处 31–529–172						
货物或应税劳务名称	规格型号	计量单位	数量	单位	金 额							税率	税 额				
					十	万 . 千	百	十	元	角	分		千	百	十	元	角	分
合计																
价税合计	(大写)															
销货单位	名称					纳税人登记号										
	地址电话					开户银行及账号										

发票联

销货单位（章）：   收款人：   复核：   开票人：

出 库 单

收货单位：   年 月 日   第 1001 号

货号	品名	单位	数量	单价	金额	备注
908 型	手机	部	50	500.00	25000.00	
809 型	手机	部	20	1000.00	20000.00	
合计					￥45000.00	

负责人：   发货经手人：

银行进账单（收账通知）

年 月 日   第 161 号

付款人	全称		收款人	全称	
	账号			账号	
	开户银行			开户银行	

人民币（大写）		千	百	十	万	千	百	十	元	角	分
用途											

票据张数	1	票据种类	转账支票	收款人开户银行盖章
单位主管　会计　复核　记账				

（3）12 月 10 日，向赤兔公司购入丙材料一批 10 吨，单价 420 元，货款 4200 元，增值税税率 17%，用转账支票结算。

天津市增值税专用发票

开票日期：2012 年 12 月 10 日　　　　　　　　NO：23720061

购货单位	名称	大地通信有限公司	纳税人登记号		001204252001356							
	地址电话	天津和谐路 200 号 12347658	开户银行及账号		中国农业银行天津市分行红旗分理处 707-045-1958							

货物或应税劳务名称	规格型号	计量单位	数量	单位	金额									税率	税额					
					十	万	千	百	十	元	角	分		千	百	十	元	角	分
合计																			
价税合计	（大写）																		

销货单位	名称	赤兔公司	纳税人登记号	504259687374777
	地址电话	洪县别山镇	开户银行及账号	中国建设银行洪县支行 17-336

发票联

销货单位（章）：　收款人：×××　复核：×××　开票人：××

转账支票

中国农业银行 转账支票存根 支票号码 NO.2187 科　目： 对方科目： 签发日期：　年　月　日 收款单位：＿＿＿ 金　额：＿＿＿＿ 用　途：＿＿＿＿ 单位主管　会计	中国农业银行转账支票　　　　支票号码 NO.2187 签发日期　年　月　日 收款单位：＿＿＿＿＿ 　　　　　　　　　　　签发单位账号 707-045-1958

		十	万	千	百	十	元	角	分
人民币（大写）									

用途＿＿＿＿＿＿＿　　　银行会计分录：
　　　　　　　　　　上列款项申请由
我账户内付给　　　　　科目（付）＿＿＿＿＿

付讫日期　年　月　日

签发单位盖章　　　　　　　出纳　复核　记账

收 料 单

发票号：23720061　　　　　　　2012 年 12 月 10 日　　　　　　　编号：002

供应单位		金羊城公司			材料类别及编号		（略）	
材料名称及规格	单位	数 量		实际成本				
		发 票	实 收	发票价格	运杂费	合 计	单 价	
备注：								

核算：王红　　　主管：赵霞　　　保管：孙朝阳　　　检验：王芳　　　交库：刘刚

（4）12 月 11 日，向德龙公司购入丙材料一批 15 吨，单价 400 元，货款 6000 元；购入丁材料 4 吨，单价 2000 元，货款 8000 元，增值税税率为 17%，购买材料的货款尚未支付。

天津市增值税专用发票

开票日期：　年　月　日　　　　　　NO：23720763

购货单位	名称				纳税人登记号														
	地址电话				开户银行及账号														
货物或应税劳务名称	规格型号	计量单位	数量	单位	金 额								税率	税 额					
					十万	万	千	百	十	元	角	分		千	百	十	元	角	分
合计																			
价税合计	（大写）																		
销货单位	名称	德龙公司			纳税人登记号		413028571917024												
	地址电话	保定市乐凯路 82110537			开户银行及账号		交通银行 273-1300												

发票联

销货单位（章）：　　　收款人：　　　复核：　　　开票人：

收 料 单

发票号：23720763　　　　　　　2012 年 12 月 11 日　　　　　　　编号：003

供应单位		德龙公司			材料类别及编号		（略）	
材料名称及规格	单位	数 量		实际成本				
		发 票	实 收	发票价格	运杂费	合 计	单 价	
备注：								

核算：王红　　　主管：赵霞　　　保管：孙朝阳　　　检验：王芳　　　交库：刘刚

（5）12月12日，财务科开出现金支票，从银行提取现金 35415 元以备发职工工资。

现金支票

中国农业银行 现金支票存根 支票号码 NO.4532 科　目： 对方科目： 签发日期：　年　月　日 收款单位：＿＿＿＿ 金　额：＿＿＿＿ 用　途：＿＿＿＿ 单位主管　会计	中国农业银行现金支票　　　　支票号码 NO.4532 签发日期　　年　　月　　日 收款单位：＿＿＿＿　　　签发单位账号 707-045-1958

人民币 （大写）	十	万	千	百	十	元	角	分

用途＿＿＿＿＿　　　　　银行会计分录：
上列款项申请由
我账户内付给　　　　　科目（付）＿＿＿＿＿

付讫日期　年　月　日
签发单位盖章　　　　　出纳　复核　记账

（6）12月14日，公司用银行存款支付上月应交增值税及附加费 8935.50 元。

转账支票

中国农业银行 转账支票存根 支票号码 NO.2188 科　目： 对方科目： 签发日期：　年　月　日 收款单位：＿＿＿＿ 金　额：＿＿＿＿ 用　途：＿＿＿＿ 单位主管　会计	中国农业银行转账支票　　　　支票号码 NO.2188 签发日期　　年　　月　　日 收款单位：＿＿＿＿ 　　　　　　　　签发单位账号 707-045-1958

人民币 （大写）	十	万	千	百	十	元	角	分

用途＿＿＿＿＿　　　　　银行会计分录：
上列款项申请由
我账户内付给　　　　　科目（付）＿＿＿＿＿

付讫日期　年　月　日
签发单位盖章　　　　　出纳　复核　记账

中华人民共和国
税收缴款书

缴款单位（人）	代码		预算科目	编码	
	全称	大地通信有限公司		名称	
	开户银行	中国农业银行天津市分行红旗分理处		级次	
	账号	708-046-1958		收款国库	

税款所属时期：2012 年 11 月　　　　　　　　　　　　税款缴款日期：2012 年 12 月 10 日

品目名称	课税数量	计税金额或销售收入	税率或单位税额	已缴或扣除额	实缴金额										
					亿	千	百	十	万	千	百	十	元	角	分
手机		65000.00	17%	3000.00					8	0	5	0	0	0	
城市维护建设税	随增值税、消费税、营业税的税率征收7%									5	6	3	5	0	
教育费附加	随增值税、消费税、营业税的税率征收3%									2	4	1	5	0	
防洪工程维护费	随增值税、消费税、营业税的税率征收1%										8	0	5	0	
金额合计（大写）捌仟玖佰叁拾伍元伍角零分							¥	8	9	3	5	5	0		

缴款单位（人）（盖章）经办人（章）	税务机关盖章（盖章）填票人（章）	上列款项已收妥并划转收款单位账户国库（银行）盖章　年　月　日	备注：

逾期不缴税按税法规定加收滞纳金

（7）12 月 15 日，公司以现金 35415 元支付本月职工工资，并根据工资结算汇总结算有关代扣款项（房租和个税）。

工资结算汇总表

单位：元

部门		应付工资					代扣款项		实发工资	领款签章
		基本	奖金	津贴	扣保险	合计	房租	个税		
908 型	工人	7500	1900	2650	1100	10950	850	1103	8997	×××
809 型	工人	8500	2200	3100	1260	12540	490	1100	10950	×××
车间	干部	4500	1050	1220	605	6165	360	1617	4188	×××
销售部门		4600	490	1600	680	6010	900		5110	×××
行政管理部门		5000	1170	1500	750	6920		750	6170	×××
合计		30100	6810	10070	4395	42585			35415	

制表人：　　　　　　　　　　　　　记账：

（8）12 月 17 日，公司购买办公用品 520 元，以转账支票支付。

商业零售专用发票

购货人：大地通信有限公司　　　2012 年 12 月 17 日　　　　　商字（三）

商品名称	规格	数量	单位	单价	十	万	千	百	十	元	角	分
夹子		40	副	3.00				1	2	0	0	0
档案袋		55	个	2.00				1	1	0	0	0
复印纸		10	包	29.00				2	9	0	0	0
合计							¥	5	2	0	0	0
合计 （大写）	伍佰贰拾元整											

发票联

企业名称：莲花超市　　　　　会计：　　　　　制表：

转账支票

中国农业银行 转账支票存根 支票号码 NO.2189 科　目： 对方科目： 签发日期：　年 月 日 收款单位：＿＿＿＿ 金　　额：＿＿＿＿＿ 用　　途：＿＿＿＿ 单位主管　　会计	中国农业银行转账支票　　　支票号码 NO.2189 签发日期　　　年　　　月　　　日 收款单位：＿＿＿＿＿＿＿　　签发单位账号 707-045-1958

人民币
（大写）

	十	万	千	百	十	元	角	分

用途＿＿＿＿＿＿＿＿　　　　　银行会计分录：
　　　　　　　　　上列款项申请由
我账户内付给　　　　　科目（付）＿＿＿＿＿＿
　　　　　　　付讫日期　年　月　日
签发单位盖章　　　　　出纳　复核　记账

（9）12 月 18 日，以转账支票支付朝阳广告公司广告费 50000 元，款项已经从银行划出，朝阳广告公司开户行：中国银行天津分行，账号 601-9658。

转账支票

中国农业银行 转账支票存根 支票号码 NO.2190 科　目： 对方科目： 签发日期：　年月日 收款单位：＿＿＿ 金　　额：＿＿＿＿ 用　　途：＿＿＿ 单位主管　　会计	中国农业银行转账支票　　　支票号码 NO.2190 签发日期　　　年　　　月　　　日 收款单位：＿＿＿＿＿＿＿　　签发单位账号 707-045-1958

人民币
（大写）

	十	万	千	百	十	元	角	分

用途＿＿＿＿＿＿＿＿　　　　　银行会计分录：
　　　　　　　　　上列款项申请由
我账户内付给　　　　　科目（付）＿＿＿＿＿＿
　　　　　　　付讫日期　年　月　日
签发单位盖章　　　　　复核　记账　审单

天津市广告业专用发票

第 1234567 号

广字（三）04甲

购货人：大地通信有限公司　　　　2012 年 12 月 17 日

项目	摘要	数量	单价	十	万	千	百	十	元	角	分	
	广告费											发票联
合计												
合计（大写）												

广告收费专用章：　　　　地址：　　　　开票人：

（10）12 月 22 日，向银行申请办理汇兑业务，以 7000 元支付欠青锋公司的购料款。

中国农业银行电汇凭证（回单）

委托日期　　年　月　日　　　　　　　　　　第 103 号

付款人	全称				收款人	全称	青锋公司									
	账号					账号	19-302									
	汇出地点		汇出行名称			汇入地点	四川成都	汇入行名称	成都商业银行武侯路分理处							

		千	百	十	万	千	百	十	元	角	分
金额	人民币（大写）										

汇款用途：	（汇出行盖章）
上列款项已委托银行办理，持此回单查询	
单位主管　　会计　　出纳　　记账	年　月　日

（11）12 月 26 日，公司业务员张平参加展销会回来，报销差旅费用 800 元，退回现金 100 元。

差旅费报销单

2012 年 12 月 26 日

单位名称	市场部	姓名	张平		职务		部门经理	
出差事由	展销会				出差日期		自 2012 年 12 月 20 日至 2012 年 12 月 25 日	
到达地点	石家庄							
项目金额	交通费				住宿费	伙食补助		
	火车	汽车	轮船	其他	标准间 6 天	在途 1 天	住勤 6 天	
	80.00	70.00		35.00	420.00	15.00	180.00	
总计金额人民币（大写）捌佰元整			￥800.00					
审批：江洪	领款人：张平				备注			

财务主管：赵甲　　　　出纳：王春

天津市国家税务局工商统一

收 据　　　　　NO.0214631

今收到 _____

年 月 日

交来 _____

人民币（大写）_____ ¥ _____

收款单位

公 章 _____　　　　收款人：　　　　交款人：

（12）12 月 28 日，公司销售给东方有限公司 809 型手机 53 部，单价 3000 元，货款 159000 元，增值税税率为 17%，签发两个月期限商业汇票一张，由东方公司承兑。

天津市增值税专用发票　　　　　　NO：23720061

开票日期：　　　年 月 日

购货单位	名称	东方有限公司				纳税人登记号						953000451222648					
	地址电话	上海东方路 7 号 43219788				开户银行及账号						中国农业银行东方路分理处 02-340-51					

货物或应税劳务名称	规格型号	计量单位	数量	单位	金 额								税率	税 额					
					十	万	千	百	十	元	角	分		千	百	十	元	角	分
合计																			
价税合计	（大写）																		
销货单位	名称					纳税人登记号													
	地址电话					开户银行及账号													

发票联

销货单位（章）：　　　收款人：　　　复核：　　　开票人：

商业承兑汇票

委托日期　　年 月 日　　　　　　　　　第 008 号

付款人	全称		收款人	全称	
	账号			账号	
	开户银行			开户银行	

汇票金额	人民币（大写）	千	百	十	万	千	百	十	元	角	分

汇票到期日　　　　年 月 日　　　　　交易合同号码：

本汇票已经本单位承兑，到期日无条件支付票款

此致！　　付款人盖章　　　　　　　汇票签发人盖章

负责人　　经办人　　　　　　　　　负责人　　经办人

年 月 日

<u>出 库 单</u>　　　　　　　　　　　　　　　　第 1020 号

收货单位：　　　　　　　　　　年 月 日

货号	品名	单位	数量	单价	金额	备注
合计						

（13）12 月 28 日，公司预付 2013 年 1~6 月的仓库租金 18000 元。

转账支票

| 中国农业银行
转账支票存根
支票号码 NO.2191
科目：
对方科目：
签发日期： 年 月 日
收款单位：____
金 额：____
用 途：____

单位主管　　会计 | 中国农业银行转账支票　　　　支票号码 NO.2191
签发日期　　年　　月　　日
收款单位：_____　　签发单位账号 707-045-1958 |

人民币（大写）

十	万	千	百	十	元	角	分

用途_____　　　　　　　　银行会计分录：

上列款项申请由

我账户内付给　　　　　科目（付）_____

付讫日期 年 月 日

签发单位盖章　　　　　复核　记账　审单

天津市仓储专用结算凭证

第 502 号

单位：大地通信有限公司　　　　　年 月 日

商品名称	规格	数量	单位	单价	百	十	万	千	百	十	元	角	分
租金	地下室	20	平方米					5	0	0	0	0	0
租金	一楼	20	平方米				1	3	0	0	0	0	0
合计							¥	1	8	0	0	0	0	0
合计（大写）	壹万捌仟元整

发票联

企业名称（盖章）：平阳仓储公司　　　会计：张吾　　　制表：李阳

（14）12 月 28 日，公司向希望工程捐款 8000 元。

转账支票

| 中国农业银行
转账支票存根
支票号码 NO.2192
科 目：
对方科目：
签发日期： 年 月 日
收款单位：____
金 额：____
用 途：____

单位主管 会计 | 中国农业银行转账支票 支票号码 NO.2192
签发日期 年 月 日
收款单位：____ 签发单位账号 707-045-1958 |

中国农业银行转账支票 支票号码 NO.2192
签发日期 年 月 日
收款单位：_____ 签发单位账号 707-045-1958

人民币 （大写）	十	万	千	百	十	元	角	分

用途_____ 银行会计分录：

上列款项申请由

我账户内付给 科目（付）_____

付讫日期 年 月 日

签发单位盖章 复核 记账 审单

希望工程捐款收据

NO. 4631

年 月 日

今收到 大地通信有限公司
交来 捐款
人民币（大写） 捌仟元整 ¥8000.00
收款单位
公 章_____ 收款人： 交款人：

（15）12月29日，向金羊城公司购入甲材料一批200千克，单价50元，计10000元；乙材料一批60盒，单价100元，计6000元，增值税税率为17%。货款由银行转账支付。

南昌市增值税专用发票 NO：8347431

开票日期：2012 年 12 月 29 日

购货单位	名称				纳税人登记号															
	地址电话				开户银行及账号															

货物或应税劳务名称	规格型号	计量单位	数量	单位	金 额									税率	税 额					
					十	万	千	百	十	元	角	分		千	百	十	元	角	分
合计																			
价税合计	（大写）						¥												
销货单位	名称	金羊城公司			纳税人登记号			522000111333999												
	地址电话	解放路19号 81987799			开户银行及账号			中国建设银行南昌市分行 419-9998											

销货单位（章）： 收款人： 复核： 开票人：

发票联

中国农业银行电汇凭证（回单）

委托日期： 年 月 日 第 101 号

付款人	全称				收款人	全称										
	账号					账号										
	汇出地点		汇出行名称			汇入地点		汇入行名称								

金额	人民币（大写）		千	百	十	万	千	百	十	元	角	分

汇款用途：

上列款项已委托银行办理，持此回单查询

单位主管： 会计： 出纳： 记账：

（汇出行盖章）

年 月 日

收 料 单

发票号：8347431　　　　　　2012 年 12 月 29 日　　　　　　编号：004

供应单位	金羊城公司			材料类别及编号		（略）		
材料名称及规格	单位	数　量		实际成本				
		发票	实收	发票价格	运杂费	合计	单价	

备 注：

核算：王红　　主管：赵霞　　保管：孙朝阳　　检验：王芳　　交库：刘刚

（16）仓库转来 12 月发出材料汇总表（发出材料按先进先出法计价）。

材料领料单汇总表

用途＼料别	甲材料		乙材料		丙材料		丁材料		合计
	数量	金额	数量	金额	数量	金额	数量	金额	
809 型手机用	120		90		18				
908 型手机用	80		150		7				
车间一般用	38		60						
管理部门用							4		
合计	238		300		25		4		

制表：　　　　　　记账：

（17）12 月 31 日，公司计算分配 12 月应付职工工资。

工资费用分配汇总表

借方科目＼部门	应付工资				
	809 型手机	908 型手机	生产车间	管理部门	合计
生产成本					
制造费用					
管理费用					
合计					

制表：　　　　　　记账：

（18）12 月 31 日，按照公司规定的固定资产折旧率计提固定资产折旧。

固定资产折旧计算表

年　月　日

折旧	部门	固定资产	月初固定资产原值	月折旧率（%）	折旧额	合计
制造费用	生产车间	房屋建筑物		1		
		机器设备		2		
销售费用	销售部门	机器设备		2		
管理费用	管理部门	非生产用		1		
	合　计					

制表：　　　　　　　记账：

（19）12 月 31 日，公司汇总 12 月制造费用总额进行分配（制造费用选择生产工人的工资比例作为分配标准），在 809 型和 908 型手机之间进行分配，制造费用分配率保留四位小数。

制造费用分配表

借方科目		生产工人工资（元）	制造费用分配率（%）	分配的制造费用（元）
总账科目	明细科目			
合　计				

制表：　　　　　　　记账：

（20）12 月 31 日，公司结转 12 月完工产品成本，12 月投产的 809 型和 908 型手机已经全部入库。

产品成本计算表

产品种类 / 项目	成本计算		
	809 型手机	908 型手机	合计
直接材料			
直接人工			
制造费用			
总成本			
单位成本			

制表：　　　　　　　记账：

入 库 单

发货单位：　　　　　　　　　　　　年　月　日　　　　　　　　　　第 80 号

货号	品名	单位	数量	单价	金额	备注
合计						

负责人：　　　　　　　收货经手人：

（21）12 月 31 日，将收入类、费用类账户结转"本年利润"账户，填制内部转账单。

大地通信有限公司内部转账单

2012 年 12 月 31 日

项 目	科 目	金 额
应借科目	本年利润	
应贷科目	管理费用 销售费用 主营业务成本	

会计主管：　　　　　　审核：　　　　　　　　　制单：

大地通信有限公司内部转账单

2012 年 12 月 31 日

项 目	科 目	金 额
应借科目	主营业务收入	
应贷科目	本年利润	

会计主管：　　　　　　审核：　　　　　　　　　制单：

（22）12 月 31 日，计算本月应交所得税，并结转。

大地通信有限公司内部转账单

2012 年 12 月 31 日

项 目	科 目	金 额
应借科目	所得税费用	
应贷科目	应交税费——应交所得税	

会计主管：　　　　　　审核：　　　　　　　　　制单：

（23）12 月 31 日，结转本年净利润到利润分配。

项　目	本年 1~11 月净利润	
	本年 12 月净利润	
	2012 年全年净利润	

大地通信有限公司内部转账单

2012 年 12 月 31 日

项目	科　目	金　额
应借科目	本年利润	
应贷科目	利润分配——未分配利润	

会计主管：　　　　　审核：　　　　　　　　制单：

（24）12 月 31 日，按净利润 10%提取法定盈余公积，按 40%分配利润。

大地通信有限公司内部转账单

2012 年 12 月 31 日

项目	科　目	金　额
应借科目	利润分配——提取盈余公积	
应贷科目	盈余公积	

会计主管：　　　　　审核：　　　　　　　　制单：

大地通信有限公司内部转账单

2012 年 12 月 31 日

项目	科　目	金　额
应借科目	利润分配——应付股利	
应贷科目	应付股利	

会计主管：　　　　　审核：　　　　　　　　制单：

（25）12 月 31 日，结转利润分配账户。

大地通信有限公司内部转账单

2012 年 12 月 31 日

项目	科　目	金　额
应借科目	利润分配——未分配利润	
应贷科目	利润分配——提取盈余公积	
	利润分配——应付股利	

会计主管：　　　　　审核：　　　　　　　　制单：

【考核与评价】

学生操作完毕后，实训指导教师和学生应当及时进行总结。

（1）学生撰写原始凭证填写模拟实训总结报告（主要总结实训的收获）。

（2）实训指导老师对整个实训作总评。

（3）实训指导老师评定学生实训成绩。

评分标准如下：

（1）归纳业务的内容与性质。（每个 5 分，共 25 分）

（2）填写原始凭证。（每个 3 分，共 75 分）

演练任务二

记账凭证

【演练目的】

（1）学习并掌握记账凭证填制规则，能够根据原始凭证填制记账凭证。

（2）掌握由编制完成的记账凭证编制科目汇总表。

项目任务书

任务名称	记账凭证	任务编号	002	时间要求	8课时
要求	1. 掌握记账凭证填制规则，根据原始凭证填制记账凭证 2. 掌握由编制完成的记账凭证编制科目汇总表				
重点培养的能力	掌握通用记账凭证的填写与科目汇总表的填制				
涉及知识	记账凭证的填制、科目汇总表的填制				
教学地点	教室、机房	参考资料			
教学设备	投影设备、投影幕布、能上网的电脑				
训练内容					
1. 通用记账凭证与科目汇总表的填制 2. 收、付、转记账凭证的填制 3. 凭证与账户的综合练习					
训练要求					
1. 要求学生熟练掌握通用记账凭证的填写及收、付、转凭证的填写 2. 要求学生熟练掌握T形账户的填制					
成果要求及评价标准					
1. 通用记账凭证的填制与科目汇总表（9分） 2. 记账凭证填制（24分） 3. 凭证与账户的综合练习（67分）					

任务产出一	成员姓名与分工	成　员	学　号	分　工
		组长		
		成员1		

任务产出一	成员姓名与分工	成员	学 号	分 工
		成员2		
		成员3		
		成员4		
		成员5		
		成员6		
任务产出二	1. 根据经济业务填制通用记账凭证（3分） 2. 根据记账凭证编制科目汇总表（3分） 3. 根据科目汇总表登记总账T形账户（3分） 4. 对发生的每项经济业务填制相应的收款凭证（9分） 5. 对发生的每项经济业务填制相应的付款凭证（9分） 6. 对发生的每项经济业务填制相应的转账凭证（6分） 7. 根据资料填制自制原始凭证、科目汇总表和T形账户（67分）			
项目组评价			总分	
教师评价				

【演练内容】

（1）通用记账凭证的填制与科目汇总表。

（2）记账凭证填制。

（3）凭证与账户的综合练习。

【备品准备】

通用记账凭证、科目汇总表、笔、计算器、胶水。

【演练资料】

现金支票

中国农业银行 现金支票存根 支票号码 NO.2187 科　目：银行存款 对方科目：库存现金 签发日期：　年 月 日 收款单位：_____ 金　额：_____ 用　途：_____ 单位主管　会计	中国农业银行现金支票　　　　支票号码 NO.2187 签发日期　　年　　月　　日 收款单位：_____　　签发单位账号

中国农业银行现金支票　　　　支票号码 NO.2187
签发日期　　年　　月　　日
收款单位：_____　　签发单位账号

人民币 （大写）	十	万	千	百	十	元	角	分

用途_____　　　　　　　银行会计分录：
上列款项申请由
我账户内付给　　　　　科目（付）_____
付讫日期　　年　月　日
签发单位盖章　　　　　复核　记账　审单

【案例引导】

【范例1】通用记账凭证的填制方法

通用记账凭证是用以记录各种经济业务的凭证。采用通用记账凭证的经济单位，不再根据经济业务的内容分别填制收款凭证、付款凭证和转账凭证，所以，涉及货币资金收、付款业务的记账凭证是由出纳员根据审核无误的原始凭证在收、付款后填制的，涉及转账业务的记账凭证，是由有关人员根据审核无误的原始凭证填制的。

记账凭证

凭证7　　　　　　　　　　　　2013 年 12 月 9 日　　　　　　　　　　凭证连续第 14 号

业务内容	借方科目		记账讫	贷方科目		记账讫	金额									
	一级科目	二级科目		一级科目	二级科目		千	百	十	万	千	百	十	元	角	分
车间领用材料	生产成本	A						2	0	2	5	0	0	0	0	0
		B						1	7	0	0	0	0	0	0	0
				原材料	甲材料			1	8	0	0	0	0	0	0	0
					乙材料			1	9	2	5	0	0	0	0	0
合计（人民币大写）参拾柒万贰仟伍佰元整							￥	3	7	2	5	0	0	0	0	0

会计主管：郝敏　　记账：方倩　　复核：　　　出纳：吕燕　　制证：李霞

附原始单据 1 张

上述凭证的错误之处是大写"叁"写成了"参"。

正确的填制为：

记账凭证

凭证7　　　　　　　　　　　　2013 年 12 月 9 日　　　　　　　　　　凭证连续第 14 号

业务内容	借方科目		记账讫	贷方科目		记账讫	金额									
	一级科目	二级科目		一级科目	二级科目		千	百	十	万	千	百	十	元	角	分
车间领用材料	生产成本	A						2	0	2	5	0	0	0	0	0
		B						1	7	0	0	0	0	0	0	0
				原材料	甲材料			1	8	0	0	0	0	0	0	0
					乙材料			1	9	2	5	0	0	0	0	0
合计（人民币大写）叁拾柒万贰仟伍佰元整							￥	3	7	2	5	0	0	0	0	0

会计主管：郝敏　　记账：方倩　　复核：　　　出纳：吕燕　　制证：李霞

附原始单据 1 张

【范例2】 通用记账凭证的填制方法

记账凭证

凭证7　　　　　　　　　　　2013 年 12 月 9 日　　　　　　　凭证连续第 15 号

业务内容	借方科目		记账讫	贷方科目		记账讫	金额										附原始单据2张
	一级科目	二级科目		一级科目	二级科目		千	百	十	万	千	百	十	元	角	分	
收到购买的设备C	在建工程	设备C		其他货币资金	银行汇票					7	1	7	0	0	0	0	
合计（人民币大写）柒万壹仟柒佰元整										7	1	7	0	0	0	0	

会计主管：郝敏　记账：方倩　复核：　出纳：吕燕　制证：李霞

上述凭证的填制存在错误，缺少注销线和小写人民币符号，正确的填制方法为：

记账凭证

凭证7　　　　　　　　　　　2013 年 12 月 9 日　　　　　　　凭证连续第 15 号

业务内容	借方科目		记账讫	贷方科目		记账讫	金额										附原始单据2张
	一级科目	二级科目		一级科目	二级科目		千	百	十	万	千	百	十	元	角	分	
收到购买的设备C	在建工程	设备C		其他货币资金	银行汇票					7	1	7	0	0	0	0	
合计（人民币大写）柒万壹仟柒佰元整									¥	7	1	7	0	0	0	0	

会计主管：郝敏　记账：方倩　复核：　出纳：吕燕　制证：李霞

【范例3】 通用记账凭证的填制方法

记账凭证

凭证7　　　　　　　　　　　2013 年 12 月 11 日　　　　　　　凭证连续第 23 号

业务内容	借方科目		记账讫	贷方科目		记账讫	金额										附原始单据　张
	一级科目	二级科目		一级科目	二级科目		千	百	十	万	千	百	十	元	角	分	
接受新华公司捐赠的特许使用权	无形资产	特许使用权		待转资产价值	接受捐赠非现金资产价值					5	0	0	0	0	0	0	
合计（人民币大写）伍万元整									¥	5	0	0	0	0	0	0	

会计主管：郝敏　记账：方倩　复核：　出纳：吕燕　制证：李霞

该凭证缺少附单据张数，正确的填制方式为：

记账凭证

凭证 7   2013 年 12 月 11 日   凭证连续第 23 号

业务内容	借方科目		记账讫	贷方科目		记账讫	金额									
	一级科目	二级科目		一级科目	二级科目		千	百	十	万	千	百	十	元	角	分
接受新华公司捐赠的特许使用权	无形资产	特许使用权		待转资产价值	接受捐赠非现金资产价值				5	0	0	0	0	0	0	0
合计（人民币大写）伍万元整								¥	5	0	0	0	0	0	0	0

附原始单据 2 张

会计主管：郝敏   记账：方倩   复核：   出纳：吕燕   制证：李霞

【范例 4】通用记账凭证的填制方法

记账凭证

凭证 7   2013 年 12 月 25 日   凭证连续第 55 号

业务内容	借方科目		记账讫	贷方科目		记账讫	金额									
	一级科目	二级科目		一级科目	二级科目		千	百	十	万	千	百	十	元	角	分
向明华公司销售产品	应收票据	明华公司						4	4	8	7	0	0	0	0	0
				主营业务收入				3	8	0	0	0	0	0	0	0
				应交税费	应交增值税——销项税额				6	4	6	0	0	0	0	0
				银行存款					4	1	0	0	0	0	0	0
合计（人民币大写）肆拾肆万捌仟柒佰元整								¥	4	4	8	7	0	0	0	0

附原始单据 3 张

会计主管：   记账：   复核：   出纳：   制证：

     该凭证缺少相关人员签章，正确的填制方法为：

记账凭证

凭证 7 　　　　　　　　　　　2013 年 12 月 25 日　　　　　　　　凭证连续第 55 号

业务内容	借方科目		记账讫	贷方科目		记账讫	金额									
	一级科目	二级科目		一级科目	二级科目		千	百	十	万	千	百	十	元	角	分
向明华公司销售产品	应收票据	明华公司						4	4	8	7	0	0	0	0	0
				主营业务收入				3	8	0	0	0	0	0	0	0
				应交税费	应交增值税——销项税额				6	4	6	0	0	0	0	0
				银行存款						4	1	0	0	0	0	0
合计（人民币大写）肆拾肆万捌仟柒佰元整							¥	4	4	8	7	0	0	0	0	0

附原始单据 3 张

会计主管：郝敏　　记账：方倩　　复核：　　出纳：吕燕　　制证：李霞

【范例 5】通用记账凭证的填制方法

假设某经济业务填制记账凭证时，第 57 号凭证需要两张凭证才能填写完毕，则编号应该是 $57\frac{1}{2}$ 和 $57\frac{2}{2}$。

记账凭证

凭证 7 　　　　　　　　　　　2013 年 12 月 9 日　　　　　　　　凭证连续第 $57\frac{1}{2}$ 号

业务内容	借方科目		记账讫	贷方科目		记账讫	金额									
	一级科目	二级科目		一级科目	二级科目		千	百	十	万	千	百	十	元	角	分
提取现金	现金			银行存款				1	0	0	0	0	0	0	0	0
合计（人民币大写）壹拾万元整							¥	1	0	0	0	0	0	0	0	0

附始单据 1 张

会计主管：郝敏　　记账：方倩　　复核：　　出纳：吕燕　　制证：李霞

记账凭证

凭证7　　　　　　　　　2013 年 12 月 25 日　　　　　　凭证连续第 57 $\frac{2}{2}$ 号

业务内容	借方科目		记账讫	贷方科目		记账讫	金额										
	一级科目	二级科目		一级科目	二级科目		千	百	十	万	千	百	十	元	角	分
发放工资	应付工资			现金				1	0	0	0	0	0	0	0	0
合计（人民币大写）壹拾万元整							¥	1	0	0	0	0	0	0	0	0

附原始单据 1 张

会计主管：郝敏　　记账：方倩　　复核：　　出纳：吕燕　　制证：李霞

【范例 6】根据原始凭证填制通用记账凭证

已知某经济业务对应的原始凭证如下：

银行进账单（收账通知）

2013 年 8 月 25 日　　　　　　　　　　　第 159 号

	全称	泵达公司		全称	大地通信有限公司									
付款人	账号	125-777222	收款人	账号	707-045-1958									
	开户银行	中国工商银行解放分理处		开户银行	中国农业银行天津市分行红旗分理处									
人民币（大写）	伍万壹仟元整				千	百	十	万	千	百	十	元	角	分
							¥	5	1	0	0	0	0	0
用途	偿还货款				收款人开户银行盖章									
票据张数	1	票据种类	转账支票											
单位主管　会计　复核　记账														

上述收到泵达公司偿还货款的业务，涉及"银行存款"和"应收账款——泵达公司"两个科目，其中"银行存款"科目增加，它是资产类科目，增加要记在借方，"应收账款"科目减少，它也是资产类科目，减少要记在贷方。记账凭证具体编制如下：

记 账 凭 证

2013 年 8 月 25 日　　　　　　　　　　第 10 号

摘 要	总账科目	明细科目	√	借方金额										√	贷方金额									
				千	百	十	万	千	百	十	元	角	分		千	百	十	万	千	百	十	元	角	分
收回货款	银行存款					5	1	0	0	0	0	0											
	应收账款	泵达公司														5	1	0	0	0	0	0
合 计				¥	5	1	0	0	0	0	0				¥	5	1	0	0	0	0	0

附单据 1 张

会计主管：张小雷　　记账：章占　　出纳：刘程　　　审核：葛元　　制单：芮华

【范例 7】根据原始凭证填制通用记账凭证

已知某经济业务对应的原始凭证如下：

中国农业银行 现金支票存根 支票号码 NO.2187 科　目：银行存款 对方科目：库存现金 签发日期：2013 年 8 月 25 日 收款单位：大地通信有限公司 金　额：¥1000.00 用　途：发工资 单位主管 李强　会计 张洪	中国农业银行现金支票　　　　支票号码 NO.2187 签发日期　贰零壹叁年零捌月贰拾伍日 收款单位：大地通信有限公司　签发单位账号 707-045-1958

中国农业银行现金支票

人民币 （大写）	壹仟元整	十	万	千	百	十	元	角	分
			¥	1	0	0	0	0	0

用途　　发工资　　　　　　　银行会计分录：
　　　　　上列款项申请由
我账户内付给　　　　科目（付）_____

　　　　付讫日期　年　月　日

签发单位盖章　　　　出纳　复核　记账

上述提取现金的业务，涉及"库存现金"和"银行存款"两个科目，其中"库存现金"科目增加，它是资产类科目，增加要记在借方，"银行存款"科目减少，它也是资产类科目，减少要记在贷方。具体编制如下：

记 账 凭 证

2013 年 8 月 25 日　　　　　　　　　　　第 11 号

摘要	总账科目	明细科目	√	借方金额									√	贷方金额									
				千	百	十	万	千	百	十	元	角	分	千	百	十	万	千	百	十	元	角	分
提现	库存现金							1	0	0	0	0	0										
	银行存款																1	0	0	0	0	0
合计							¥	1	0	0	0	0	0				¥	1	0	0	0	0	0

附单据 1 张

会计主管：张小雷　　记账：章占　　出纳：刘程　　审核：葛元　　制单：芮华

【范例 8】根据原始凭证填制通用记账凭证

已知某经济业务对应的原始凭证如下：

入库单

发货单位：　　　　　　　　　　　　　2013 年 8 月 28 日

货号	品名	单位	数量	单价	金额	备注
00123	B 材料	吨	100	500.00	50000.00	
合计					¥50000.00	

制表：林强

上述原材料验收入库的业务，涉及"原材料"和"在途物资"两个科目，其中"原材料"科目增加，它是资产类科目，增加要记在借方，"在途物资"科目减少，它也是资产类科目，减少要记在贷方。具体编制如下：

记 账 凭 证

2013 年 8 月 28 日　　　　　　　　　　　　　　　　　第 11 号

摘要	总账科目	明细科目	√	借方金额										√	贷方金额								
				千	百	十	万	千	百	十	元	角	分		千	百	十	万	千	百	十	元	角	分
原料入库	原材料					5	0	0	0	0	0	0											
	在途物资																5	0	0	0	0	0	0
合计					¥	5	0	0	0	0	0	0				¥	5	0	0	0	0	0	0

会计主管：张小雷　　　　记账：章占　　　　出纳：刘程　　　　审核：葛元　　　　制单：芮华

附单据 1 张

【范例 9】收款凭证的填制方法

收款凭证的填制日期应按货币资金收到的日期填写，凭证的编号可采用"字号编号法"，即按凭证类别顺序编号。例如：现收字第×号、银收字第×号。收款凭证左上方的科目是借方科目，应是"库存现金"或"银行存款"，收款凭证内反映的是与"库存现金"或"银行存款"科目相对应的贷方科目。凭证摘要栏内填写业务的简要说明，凭证下方填写所附原始凭证的张数。

已知 2013 年 12 月 11 日，天华公司销售空心砖给王石头，收到现金 936 元。

收款凭证

借方科目： 库存现金   2013 年 12 月 11 日   收 字第 2 号

摘要	贷方科目		金额								√
	总账科目	明细科目	十	万	千	百	十	元	角	分	
售出产品收到现金	主营业务收入	空心砖				8	0	0	0	0	
	应交税费	应交增值税（销项税额）				1	3	6	0	0	
					¥	9	3	6	0	0	

合计主管：张明   记账：李磊   复核：杨洋   出纳：王强   制单：刘芳

附凭证 贰 张

对应的会计分录为：

借：库存现金   936

    贷：主营业务收入   800

         应交税费——应交增值税（销项税额）   136

【范例 10】根据原始凭证填制收款凭证

已知某经济业务对应的原始凭证如下：

银行进账单（收账通知）

2013 年 8 月 25 日   第 159 号

付款人	全称	泵达公司	收款人	全称	大地通信有限公司										
	账号	125-777222		账号	707-045-1958										
	开户银行	中国工商银行解放分理处		开户银行	中国农业银行天津市分行红旗分理处	千	百	十	万	千	百	十	元	角	分
人民币（大写）		伍万壹仟元整					¥	5	1	0	0	0	0	0	0
用途	偿还货款														
票据张数	1		票据种类	转账支票	收款人开户银行盖章										
单位主管	会计	复核	记账												

上述收到泵达公司偿还货款的业务，涉及"银行存款"和"应收账款——泵达公司"两个科目，其中"银行存款"科目增加，它是资产类科目，增加要记在借方，"应收账款"科目减少，它也是资产类科目，减少要记在贷方。该业务为收到货币资金及款项的业务，应该编制银行存款收款凭证。具体编制如下：

收款凭证

借方科目 银行存款　　　　　　　　　　2013 年 8 月 25 日　　　　　　　　收字第 20 号

摘　要	贷方总账科目	明细科目	记账符号	金　额										附单据1张
				千	百	十	万	千	百	十	元	角	分	
收到货款	应收账款	泵达公司				5	1	0	0	0	0	0	0	
合　计					¥	5	1	0	0	0	0	0	0	

会计主管：张小雷　　　　记账：章占　　　　出纳：刘程　　　　审核：葛元　　　　制单：芮华

【范例 11】付款凭证的填制方法

付款凭证的填制日期为业务发生日期，可采用"字号编号法"，即按凭证类别顺序编号。例如：现付字第×号、银付字第×号。付款凭证左上方的科目是贷方科目，贷方科目应是"库存现金"或"银行存款"，凭证内反映的是与"库存现金"或"银行存款"科目相对应的借方科目。凭证摘要栏内填写业务的简要说明，凭证下方填写所附原始凭证的张数。

已知 2013 年 12 月 4 日，天华公司以现金购买打印纸 1 包，金额 55 元。

付款凭证

贷方科目 库存现金　　　　　　　　　2013 年 12 月 4 日　　　　　　　　付 字第 1 号

摘　要	借方科目		过账	金额										附单据2张
	总账科目	明细科目		千	百	十	万	千	百	十	元	角	分	
现金购买办公用品	管理费用	办公费								5	5	0	0	
合　计									¥	5	5	0	0	

会计主管：张明　　　记账：李磊　　　审核：李洋　出纳：王强　　　填制：刘芳

对应的会计分录为：

　　借：管理费用　　　　　55

　　　贷：库存现金　　　　　55

【范例 12】根据原始凭证填制付款凭证

已知某经济业务对应的原始凭证如下：

中国农业银行 现金支票存根 支票号码 NO.2187 科　目：银行存款 对方科目：库存现金 签发日期：2013 年 8 月 25 日 收款单位：大地通信有限公司 金　额：¥1000.00 用　途：发工资 单位主管 李强 会计 张洪	中国农业银行现金支票　　　支票号码 NO.2187

中国农业银行现金支票　　　支票号码 NO.2187
签发日期　贰零壹叁年零捌月贰拾伍日
收款单位：大地通信有限公司　　签发单位账号 707-045-1958

人民币 （大写）	壹仟元整	十	万	千	百	十	元	角	分
			¥	1	0	0	0	0	0

用途　发工资　　　　　　　银行会计分录：
上列款项申请由
我账户内付给　　　　科目（付）＿＿＿＿＿＿

付讫日期　年　月　日
签发单位盖章　　　　出纳　复核　记账

　　上述提取现金的业务，涉及"库存现金"和"银行存款"两个科目，其中"库存现金"科目增加，它是资产类科目，增加要记在借方，"银行存款"科目减少，它也是资产类科目，减少要记在贷方。这里有一个值得注意的问题：从借方科目看，该业务为收到货币资金的业务，应填制收款凭证，但从贷方科目看，该业务则为付出货币资金的业务，应填制付款凭证，但根据相关规定"对于涉及'库存现金'和'银行存款'之间的经济业务，为避免重复一般只编制付款凭证，不编制收款凭证"，所以该业务只编制银行存款付款凭证。具体编制如下：

付款凭证

贷方科目　银行存款　　　　　　2013 年 8 月 25 日　　　　　付字第 12 号

摘　要	借方总账科目	明细科目	记账符号	金　额										附单据1张
				千	百	十	万	千	百	十	元	角	分	
提取现金	库存现金						1	0	0	0	0	0	0	
合　计						¥	1	0	0	0	0	0	0	

会计主管：张小雷　　　记账：章占　　　出纳：刘程　　　审核：葛元　　　制单：芮华

【范例 13】根据原始凭证填制转账凭证

　　转账凭证由会计人员根据审核无误的转账业务原始凭证填制。已知某经济业务对应的原始凭证如下：

入库单

发货单位： 2013 年 8 月 28 日

货号	品名	单位	数量	单价	金额	备注
00123	B 材料	吨	100	500.00	50000.00	
合 计					¥50000.00	

会计主管：张小雷　　　审核：李晓红　　　制表：张合

上述原材料验收入库的业务，涉及"原材料"和"在途物资"两个科目，其中"原材料"科目增加，它是资产类科目，增加要记在借方，"在途物资"科目减少，它也是资产类科目，减少要记在贷方。该业务不涉及货币资金的收取和支付，应该编制转账凭证。具体编制如下：

转账凭证

2013 年 8 月 28 日　　　　　　　　　　　　转字第 19 号

摘 要	总账科目	明细科目	√	借方金额 千	百	十	万	千	百	十	元	角	分	√	贷方金额 千	百	十	万	千	百	十	元	角	分	
B 材料验收入库	原材料	B 材料				5	0	0	0	0	0	0														附单据 1 张
	在途物资	B 材料															5	0	0	0	0	0	0		
合 计					¥	5	0	0	0	0	0	0				¥	5	0	0	0	0	0	0		

会计主管：张小雷　　记账：章占　　出纳：刘程　　审核：葛元　　制单：芮华

【范例 14】科目汇总表

已知某工业企业 1 月发生下列经济业务：

（1）1 日，从银行提取现金 1000 元备用。

（2）2 日，从黄海厂购进材料一批，已验收入库，价款 5000 元，增值税进项税额为 850 元，款项尚未支付。

（3）2 日，销售给广丰工厂 C 产品一批，价款为 100000 元，增值税销项税额为 17000 元，款项尚未收到。

（4）3 日，厂部的张三出差，借支差旅费 500 元，以现金支付。

（5）4 日，车间领用乙材料一批，其中用于 B 产品生产 3000 元，用于车间一般消耗 500 元。

（6）5 日，销售给吉润公司 D 产品一批，价款为 20000 元，增值税销项税额为 3400 元，款项尚未收到。

（7）5 日，从华东公司购进丙材料一批，价款 8000 元，增值税进项税额为 1360 元，材料已运达企业但尚未验收入库，款项尚未支付。

（8）7 日，接到银行通知，收到广丰工厂前欠货款 117000 元，已经办妥入账。

（9）8 日，通过银行转账支付 5 日所欠华东公司的购料款 9360 元。

（10）10 日，购入电脑一台，增值税专用发票上价款 8000 元，增值税额 1360 元，签发一张转账支票支付。

要求：根据以上经济业务，完成下列"科目汇总表"的编制（在下表空格中填入正确的数字）。

科目汇总表

2013 年 1 月 1~10 日　　　　　　　　　　　　　　　　　　单位：元

账户名称	借方余额	贷方余额
库存现金	1000	500
银行存款	117000	(1)
应收账款	(2)	117000
原材料	5000	3500
在途物资	8000	
生产成本	3000	
其他应收款	500	
固定资产	8000	
主营业务收入		(3)
制造费用	500	
应交税费	(4)	20400
应付账款	9360	(5)
合　计	296330	296330

解析：根据各项经济业务，可以得到：

（1）银行存款贷方发生额 = 1000（1）+ 9360（9）+ 9360（10）= 19720（元）

（2）应收账款借方发生额 = 117000（3）+ 23400（6）= 140400（元）

（3）主营业务收入贷方发生额 = 100000（3）+ 20000（6）= 120000（元）

（4）应交税费借方发生额 = 850（2）+ 1360（7）+ 1360（10）= 3570（元）

（5）应付账款贷方发生额 = 5850（2）+ 9360（7）= 15210（元）

【演练要求及步骤】

演练要求：

（1）通过演练，要求学生能掌握通用记账凭证的填写与科目汇总表的填制。

（2）掌握记账凭证的编制。

（3）掌握凭证与账户的综合练习。

一、通用记账凭证的填制与科目汇总表

资料：已知华天公司5月发生下列业务：

（1）从银行提取现金3000元备用。

（2）以存款购入材料，价款80000元，增值税13600元，材料已验收入库。

（3）从A公司购入材料，价款50000元，增值税8500元，材料已验收入库，货款尚未支付。

（4）收回B公司前欠购货款46800元存入银行。

（5）采购员张明向企业预借差旅费2000元，企业以现金支付。

（6）从银行取得6个月期的借款50000元，存入银行以备使用。

（7）以银行存款12000元偿还前欠购料款。

（8）收到某公司投入的货币资金300000元，存入银行。

具体要求与步骤：

（1）根据上述经济业务填制通用记账凭证。

（2）根据记账凭证编制科目汇总表。

（3）根据科目汇总表登记总账T形账户（给出记账凭证、科目汇总表与T形账户模板，做题时自行选择所用凭证）。

记账凭证

年 月 日   第 号

摘 要	总账科目	明细科目	√	借方金额										√	贷方金额										附单据 张
				千	百	十	万	千	百	十	元	角	分		千	百	十	万	千	百	十	元	角	分	
合 计																									

会计主管：   记账：   出纳：   审核：   制单：

科目汇总表

会计科目	过账	本期发生额		记账凭证 起讫号数
		借 方	贷 方	
合 计				

二、记账凭证练习

资料一：引航公司 2013 年 3 月 6 日销售 M 产品一批，价款 20000 元，增值税税率为 17%，收到购买单位支票一张，收讫后存入银行。出纳人员根据审核无误的原始凭证填制银行存款收款凭证。

填写下面记账凭证的（1）~（3）处：

收 款 凭 证

借方科目：银行存款   2013 年 3 月 6 日   收字第 1 号

摘 要	贷方科目		金额	记账
	一级科目	明细科目		
销售 M 产品	主营业务收入	M 产品	（1）	
	应交税费	应交增值税（销项税额）	（2）	
合 计			（3）	

会计主管：   记账：   出纳：   审核：   制证：

资料二：引航公司 2013 年 3 月 9 日购入甲材料一批，买价 8000 元，增值税税率为 17%，材料已验收入库，开出支票一张支付购料款。出纳人员根据审核无误的原始凭证填制银行存款付款凭证。

填写下面记账凭证的 (4) ~ (5) 处：

付 款 凭 证

贷方科目：银行存款　　　　　　　　2013 年 3 月 9 日　　　　　　　　付字第 1 号

摘 要	借方科目		金额	记账
	一级科目	明细科目		
购买甲材料	原材料	甲材料	(4)	
	应交税费	应交增值税（进项税额）	(5)	
合 计				

会计主管：　　　记账：　　　出纳：　　　复核：　　　制证：

资料三：某企业 2010 年 3 月发生以下经济业务：

（1）3 日，以银行存款偿还到期的短期借款 200000 元。

（2）8 日，向甲企业购买 A 材料一批，货物已验收入库，价款 80000 元尚未支付（不考虑增值税）。

（3）12 日，从银行提取现金 10000 元。

（4）20 日，前应收 B 企业货款 70000 元，现已收回存入银行。

（5）25 日，收到乙投资者作为资本投入汽车一辆，双方确认的价值为 150000 元。

（6）29 日，向银行借入偿还期为 3 年的借款 500000 元。

对发生的每项经济业务填制相应的记账凭证（说明：以下凭证不是按业务号顺序排列，请选择符合业务类型的凭证填列并标明业务号）。

付 款 凭 证

贷方科目：　　　　　　　　年 月 日　　　　　　　　付字第 号（业务号： ）

摘 要	借方科目		记账	金 额
	总账科目	明细科目		
合 计				

付款凭证

贷方科目：　　　　　　　　　　　　　年　月　日　　　　　　　　　付字第　号（业务号：　）

摘　要	借方科目		记账	金　额
	总账科目	明细科目		
合　计				

收款凭证

借方科目：　　　　　　　　　　　　　年　月　日　　　　　　　　　收字第　号（业务号：　）

摘　要	贷方科目		记账	金　额
	总账科目	明细科目		
合　计				

收款凭证

借方科目：　　　　　　　　　　　　　年　月　日　　　　　　　　　收字第　号（业务号：　）

摘　要	贷方科目		记账	金　额
	总账科目	明细科目		
合　计				

转账凭证

年　月　日　　　　　　　　　转字第　号（业务号：　）

摘　要	会计科目		记账	借方金额	贷方金额
	总账科目	明细科目			
合　计					

转账凭证

年　月　日　　　　　　　　　转字第　号（业务号：　）

摘　要	会计科目		记账	借方金额	贷方金额
	总账科目	明细科目			
合　计					

三、凭证和账户的综合练习

资料：红星工厂 2010 年 3 月初有关总分类账户、部分明细分类账户余额如下：

1. 总分类账户余额

账户名称	借方余额	账户名称	贷方余额
库存现金	1000	短期借款	120000
银行存款	251000	应付账款	52000
在途物资	40000	应交税费	3000
原材料	200000	应付职工薪酬	5000
库存商品	30000	实收资本	600000
预付账款	0	资本公积	12000
应收账款	30000	盈余公积	66000
其他应收款	11000	本年利润	40000
长期股权投资	30000	利润分配	-5000
固定资产	400000		
累计折旧	-100000		
合　计	893000	合　计	893000

2. 部分明细分类账户余额

原材料——甲材料 5000 千克，单价 20 元/千克，计 100000 元

　　　　——乙材料 8000 千克，单价 10 元/千克，计 80000 元

　　　　—— 丙材料 4000 千克，单价 5 元/千克，计 20000 元

应收账款——黄河公司 20000 元

　　　　——长江公司 10000 元

应付账款——东方公司 30000 元

　　　　——西北公司 22000 元

3. 2 月利润表本期金额

项　目	金　额
营业收入	210000
营业成本	135000
营业税金及附加	5000
管理费用	15000
财务费用	4000
营业利润	51000
营业外收入	1000

项　目	金　额
利润总额	52000
减：所得税费用	17160
净利润	34840

红星工厂3月发生下列经济业务：

（1）3月1日，开出现金支票一张，从银行提取现金1000元（附件1张：支票存根）。

（2）3月1日，李明出差借支差旅费800元，以现金支付（附件2张：领款单和公出审批单）。

（3）3月2日，以现金支付办公用品费300元，其中车间办公费100元，行政管理部门办公费200元（附件2张：购买办公用品发票）。

（4）3月3日，上月购入乙材料1000千克，单价10元/千克，发票金额10000元，已验收入库（附件1张：收料单）。

（5）3月3日，银行通知，长江公司欠款10000元已收到（附件1张：收款通知）。

（6）3月4日，向西北公司购入甲材料1000千克，单价19.5元/千克，计19500元，增值税税率为17%，以转账支票支付（附件2张：转账支票和发票各1张）。

（7）3月4日，以现金500元支付上述甲材料运费（附件1张：运费收据）。

（8）3月6日，仓库送来验收入库甲材料1000千克如数收回，结转其实际成本20000元（附件1张：收料单）。

（9）3月8日，一车间生产A产品领用甲材料500千克，单价20元/千克，计10000元，乙材料500千克，单价10元/千克，计5000元（附件1张：领料单1张）。

（10）3月8日，开出现金支票一张，从银行提取现金800元（附件1张：支票存根）。

（11）以银行存款缴纳上月税金2500元和教育费附加500元（附件1张：交缴书）。

（12）3月8日，领用丙材料1000千克，单价5元/千克，计5000元，其中用于车间修理600千克，厂部行政管理部门修理400千克（附件2张：领料单2张）。

（13）3月9日，以现金支付会议费用150元（附件1张：费用发票1张）。

（14）3月9日，以现金支付下一季度报纸杂志费600元（附件1张：收据1张）。

（15）3月9日，出售给长江公司A产品800件，单价50元/件，增值税税率为17%，款未收（附件1张：发票）。

（16）3月10日，接受国家投资200000元，存入银行（附件1张：收款通知）。

（17）3月11日，以银行存款20000元，归还短期借款（附件1张：还款收据）。

（18）3月11日，向黄河公司出售A产品200件，单价50元/件，增值税税率为17%，款已收到存入银行（附件2张：发票、收账通知）。

（19）3月12日，以现金支付汽车修理费200元（附件1张：费用发票）。

（20）3月12日，一车间生产A产品领用甲材料1000千克，单价20元/千克，计20000元，一车间一般耗用领用丙材料100千克，单价5元/千克，计500元（附件1张：领料单1张）。

（21）3月13日，出售给黄河公司A产品200件，单价50元/千克，增值税税率为17%，其中5000元已收到存入银行，其余未收（附件2张：发票和收账通知各1张）。

（22）3月14日，向上海机械厂购入机器一台计30000元，运费1000元，以转账支票支付（附件3张：发票、运费收据、支票存根）。

（23）3月14日，开出现金支票一张，提取现金10000元，备发工资（附件：支票存根）。

（24）3月15日，以现金10000元支付本月职工工资（附件1张：工资表1张）。

（25）3月15日，计算分配本月应付工资10000元，其中生产A产品工人工资5000元，生产B产品工人工资2500元，车间管理人员工资1000元，厂部管理人员工资1500元（附件1张：工资分配表）。

（26）3月16日，李明出差回来，报销差旅费750元，收回现金50元，结清前欠数（附件3张：公出审批单、差旅费报销单和收据各1张）。

（27）3月16日，以银行存款20000元，归还东方公司欠款（附件1张：付款通知）。

（28）3月17日，向西北公司购入乙材料5000千克，单价10元/千克，增值税税率为17%，款未付，材料已验收入库（附件2张：收料单和发票）。

（29）3月18日，收到黄河公司欠款20000元存入银行（附件1张：收款通知）。

（30）3月19日，以银行存款20000元，归还西北公司欠款（附件1张：付款通知）。

（31）3月19日，一车间生产B产品领用甲材料1000千克，单价20元/千克，计20000元（附件1张：领料单）。

（32）3月20日，出售给黄河公司A产品800件，单价50元/件，增值税税率17%，款未收（附件1张：发票）。

（33）3月20日，以银行存款支付水费2000元，其中车间耗用1000元、管理部门耗用1000元（附件2张：付款凭证和水费收据）。

（34）3月20日，银行转来付款通知，支付第一季度利息3200元（已预提2000元）（附件1张：付款通知）。

（35）3月21日，向东方公司购入甲材料100千克，单价20元/千克，增值税税率17%，款未付，材料已验收入库（附件2张：发票和验收入库单）。

（36）3月21日，王红出差回厂，报销差旅费1200元，扣除原借款1000元，以现金补付（附件1张：差旅费报销单）。

（37）3月22日，将不用设备一台对外投资，该设备原值为10000元，已提折旧2000元，双方协商按账面净值投资（投资合同略）。

（38）3月24日，向西北公司购入丙材料1000千克，单价5元/千克，增值税税率为17%，材料尚未入库，货款以银行存款支付（附件2张：发票和付款凭证）。

（39）3月26日，计提本月固定资产折旧5000元，其中车间固定资产折旧3000元、厂部固定资产折旧2000元。

（40）3月28日，预提本月短期借款100000元的利息，年利率6%。

（41）3月28日，分摊应由本月负担的财产保险费1000元，其中车间500元、厂部500元。

（42）3月30日，根据上年发放职工的福利情况及应缴纳的公积金和养老保险等，决定按工资总额的14%计提本月职工福利费［参考第（25）题］。

（43）3月30日，按工时比例分配本月制造费用9240元，其中A产品工时为800小时，B产品为200小时。

（44）3月30日，本月A产品1400件全部完工，结转本月完工产品成本。

（45）3月30日，结转本月已销产品销售成本61560元。

（46）3月30日，按本月各收入各支出转入"本年利润"账户。

（47）3月30日，按25%税率计提本月应交所得税。

（48）3月30日，结转本期实现的净利润。

（49）3月30日，按税后利润15%计提盈余公积。

（50）3月30日，将提取盈余公积后的利润余额全部作为应付投资者利润。

具体要求与步骤：

（1）根据资料填制自制原始凭证，根据审核无误的原始凭证编制记账凭证。

（2）编制科目汇总表。

（3）编制T形账户。

【考核与评价】

学生操作完毕后，实训指导教师和学生应当及时进行总结。

（1）学生撰写记账凭证填制模拟实训总结报告（主要总结实训的收获）。

（2）实训指导老师对整个实训作总评。

（3）实训指导老师评定学生实训成绩。

评分标准如下：

（1）通用记账凭证的填制与科目汇总表。（记账凭证、科目汇总表和 T 形账户各占 3 分，共 9 分）

（2）记账凭证填制。（每张凭证 3 分，共 24 分）

（3）凭证与账户的综合练习。（共 67 分）

演练任务三

会计账簿

【演练目的】

（1）了解对账、结账的方法。

（2）掌握日记账、总账和明细账等会计账簿的设置和登记。

（3）掌握错账更正方法。

项目任务书

任务名称	会计账簿	任务编号	003	时间要求	10 课时
要求	1. 掌握错账更正的方法和程序 2. 掌握会计凭证的编制和账簿的填写 3. 掌握试算平衡表的编制				
重点培养的能力	掌握日记账、总账和明细账等会计账簿的设置、登记及错账更正				
涉及知识	对账、结账的方法，会计账簿的设置和登记，错账的更正				
教学地点	教室、机房	参考资料			
教学设备	投影设备、投影幕布、能上网的电脑				
训练内容					
1. 错账更正的方法 2. 会计凭证的编制和账簿的填写 3. 试算平衡表的编制					
训练要求					
1. 要求学生能判断错账类型及正确更正 2. 要求学生熟练掌握会计凭证的编制及账簿的填写 3. 要求学生能掌握试算平衡表的编制					
成果要求及评价标准					
1. 错账更正训练（30 分） 2. 会计凭证与账簿训练（60 分） 3. 试算平衡表的编制（10 分）					

续表

		成 员	学 号	分 工
任务产出一	成员姓名与分工	组长		
		成员 1		
		成员 2		
		成员 3		
		成员 4		
		成员 5		
		成员 6		
任务产出二	1. 按规定的更正方法更正误编的记账凭证（8 分） 2. 按规定的更正方法更正原记账凭证中的会计分录（8 分） 3. 按规定的更正方法更正记账凭证中的科目（7 分） 4. 按规定的更正方法更正记账凭证中的金额（7 分） 5. 根据资料填制现金日记账（15 分） 6. 根据资料填制银行存款日记账（15 分） 7. 根据资料填制明细分类账（15 分） 8. 根据资料填制总分类账户（15 分） 9. 完成错账更正之后的试算平衡表的编制（10 分）			
项目组评价			总分	
教师评价				

【演练内容】

（1）错账更正训练。

（2）会计凭证与账簿训练。

（3）试算平衡训练。

【备品准备】

总账练习账页、明细分类账练习账页、现金日记账、银行日记账、红色水笔、黑色水笔。

【演练资料】

一、日记账

日记账

年		凭证		摘要	对方科目	收 入	支 出	余 额
月	日	号	数					
2	1			期初余额				5000
	2	银付	1	提现	银行存款	4000		9000
	2	现付	1	购办公用品	管理费用		50	8950
	10	银付	2	提现	银行存款	11600		20550

二、总分类账

总分类账

会计科目：

年		凭证		摘要	借方	贷方	核对号	借或贷	余额
月	日	号	数						

【案例引导】

【范例1】数字书写规范

总 账

会计科目：生产成本

摘 要	借 方									贷 方				
	千	百	十	万	千	百	十	元	角	分	千	百	十	万	千
领用材料				1	0	0	0	0	0	0	书写正确（占行高1/2）				
领用材料				1	0	0	0	0	0	0	书写错误（书写占满格）				

【范例2】空行空页的处理

明 细 分 类 账

第 1 页
连续第　页

科目编号　　　　　　　　明细科目　　　　　　　　总账科目
A/C NO.　112201　　　　SUB.LED.A/C　安信公司　　　GEN.LED.A/C　应收账款

2009年		凭证字号	摘　要	借　方										√	贷　方										√	借或贷	余额									
月	日			亿	千	百	十	万	千	百	十	元	角	分		亿	千	百	十	万	千	百	十	元	角	分			亿	千	百	十	万	千	百	十	元	角	分
12	1		期初余额																									借			2	3	4	0	0	0	0	0
			此行注销													刘芳																					
	2	收1	货款收回				4	6	4	0	0	0															借			2	2	9	3	6	0	0	0

空行的处理

明 细 分 类 账

第 2 页
连续第　页

科目编号　　　　　　　　明细科目　　　　　　　　总账科目
A/C NO.　112201　　　　SUB.LED.A/C　安信公司　　　GEN.LED.A/C　应收账款

刘芳

此页注销

空页的处理

【范例3】余额方向的书写

明细分类账

> 这里为余额方向栏，有余额时写"借"或"贷"

第 1 页
连续第　页

科目编号
A/C NO.　112201　　　　明细科目
SUB.LED.A/C　安信公司　　　　总账科目
GEN.LED.A/C　应收账款

2009 年		凭证字号	摘 要	借方										√	贷方										√	借或贷	余额									
月	日			亿	千	百	十	万	千	百	十	元	角	分		亿	千	百	十	万	千	百	十	元	角	分		亿	千	百	十	万	千	百	十	元	角	分
12	1		期初余额																								借				4	6	4	0	0	0
	2	收1	托收货款收回																4	6	4	0	0	0		平									

> 没有余额时写"平"

【范例4】账页结转的处理示例

第 4 页
连续第　页

12	11	记12134	销售产品		6	8	0	0	0	0	0												借	2	1	6	7	5	0	0	0
	12	记12156	收前欠账款										5	7	0	0	0	0	0	借	2	1	6	1	8	0	0	0
	13	记12167	收前欠账款										1	0	2	5	0	0	0	借	2	1	5	1	5	5	0	0	0
	14	记12214	销售产品		4	5	2	0	0	0	0									借	2	1	9	6	7	5	0	0	0
	20	记12223	收前欠账款									1	2	2	0	0	0	0	0	借	9	7	6	7	5	0	0	0
			过次页	2	0	8	9	6	7	0	0	0	2	1	6	7	8	0	0	0	借	9	7	6	7	5	0	0	0

> 账页的最后一行

> 新账页的第一行

第 5 页
连续第　页

×年		凭证字号	摘要	借方										贷方										借或贷	余额								
月	日			千	百	十	万	千	百	十	元	角	分	千	百	十	万	千	百	十	元	角	分		千	百	十	万	千	百	十	元	角	分
12	21		承前页	2	0	8	9	6	7	0	0	0		2	1	6	7	8	0	0	0			借		9	7	6	7	5	0	0	0
	21	记12251	销售产品		8	6	5	0	0	0	0												借	1	0	6	3	2	5	0	0	0

【范例5】库存现金日记账

（1）格式：借方、贷方、余额三栏式。

（2）登记方法：逐日逐笔登记。

填制收付款凭证的日期

库存现金日记账
第1页

2009年 月	日	凭证字号	摘要	对应科目	借方 亿	千	百	十	万	千	百	十	元	角	分	贷方 亿	千	百	十	万	千	百	十	元	角	分	余额 亿	千	百	十	万	千	百	十	元	角	分	√
12	1		期初余额																												1	5	3	6	2	9	7	
12	1	付2	支付运费	在途物资																		2	0	0	0	0											
12	1		本日合计																				2	0	0	0	0				1	5	1	6	2	9	7	

填制收付款凭证的号数 — 简要叙述业务内容 — 填制收付款凭证中"库存现金"的对方科目 — 根据会计凭证所列金额填列 — 每日结出当日的余额

【范例6】银行存款日记账

（1）格式：借方、贷方、余额三栏式。

（2）登记方法：逐日逐笔登记。

银行存款日记账　　第1页

开户银行：中国工商银行郑州市分行石化路分理处

账　　号：06-86566

登记方法与库存现金日记账相同

2009年 月	日	凭证字号	银行凭证	摘要	对应科目	借方 亿	千	百	十	万	千	百	十	元	角	分	贷方 亿	千	百	十	万	千	百	十	元	角	分	借或贷	余额 亿	千	百	十	万	千	百	十	元	角	分	√
12	1			期初余额																								借		3	6	5	7	1	8	6	0		
12	1	付1	转支9935	支付材料款	在途物资														2	3	4	0	0	0	0	0	0												
12	1			本日合计																2	3	4	0	0	0	0	0	0	借		1	3	1	7	1	8	6	0		

登记结算凭证的种类和号码　　填列收付款凭证中"银行存款"的对方科目　　登记方法与库存现金日记账相同

【范例7】三栏式明细账

（1）格式：借方、贷方、余额三栏式。

（2）登记方法：逐笔登记。

（3）适用核算内容：往来款项等。

总页 __5__ 分页 003-1
一级科目 __应收账款__
明细科目 _____
户名 __安信公司__

明细分类账

2009年 月	日	凭证字号	摘要	借方 亿	千	百	十	万	千	百	十	元	角	分	√	贷方 亿	千	百	十	万	千	百	十	元	角	分	√	借或贷	余额 亿	千	百	十	万	千	百	十	元	角	分
12	1		期初余额																									借				4	6	4	0	0	0	0
12	2	收1	货款收回																	4	6	4	0	0	0	0	平										

说明标注：
- 登记记账凭证日期
- 填列会计凭证类型及编号
- 简明扼要说明经济业务内容
- 根据记账凭证所列金额填列
- 根据余额性质填列
- 计算填列

【范例8】数量金额式明细账

（1）格式：借方、贷方、余额三栏中分设数量、单价、金额等栏。

（2）登记方法：逐笔登记。

（3）适用核算内容：实物、资产等。

原材料 明细账

总页 ____ 分页 17
类别 ____ 编号 ____
规格 ____ 名称 _水泥_

最高存量 _____ 最低存量 _____ 计量单位 _吨_ 存放出点 ____

2009年 月	日	凭证 类别	号数	摘要	借(进仓)方 数量	单价	金额 千	百	十	万	千	百	十	元	角	分	贷(出仓)方 数量	单价	金额 亿	千	百	十	万	千	百	十	元	角	分	余额 数量	单价	金额 亿	千	百	十	万	千	百	十	元	角	分
12	1			期初余额																										10	400				4	0	0	0	0	0	0
12	3	转	2	购入材料	100	300		3	0	0	0	0	0	0	0																										
12	31	转	10	结转本月领用材料													50				1	0	0	0	0	0	0															

说明标注：
- 日期、凭证、摘要等填法同前
- 根据验收入库单数据填列
- 根据领料单数据填列

【范例 9】多栏式明细账

（1）格式：按借方、贷方或借贷双方分别设置专栏。

（2）登记方法：逐笔登记。

（3）适用核算内容：成本费用和收入等。

生产车间：
开工日期：　　　　　完工日期
实际：　　　计划　　　实际
产量：　　　工时　　　工时

有关费用发生时，均在预先按借方设置的相应栏次中登记

生产成本明细账

2013年		凭证		摘要	合计	成本项目				
月	日	类别	号数		十亿千百十万千百十元角分	原材料 亿千百十万千百十元角分	燃料和动力 千百十万千百十元角分	工资 千百十万千百十元角分	制造费用 千百十万千百十元角分	其他 千百十万千百十元角分
12	1			期初余额						
12	31	转	6	购买水电并分配	2000000		2000000			
12	31	转	7	分配本月工资	2788980			788980		
				……						
				……						
12	31	转	12	结转本月制造费用	6684532				2064975	
12	31	转	13	结转本月完工产品成本	6684552	1720120	2000000	788980	2064975	

业务日期、凭证、摘要等内容填列方法同前

月末结转完工产品成本时应用红字登记，反映对生产成本的冲减

应交税费（应交增值税）明细账

2009年		凭证字号	摘要	借 方				贷 方			借或贷	余 额
月	日			合 计	进项税额	已交税金		合 计	销项税额	进项税额转出		
12	1		期初余额								贷	1 0 5 0 9 8
12	1	付1	购原材料	3 4 0 0 0 0 0	3 4 0 0 0 0 0							
12	10	收2	销售产品					1 7 0 0 0 0 0 0	1 7 0 0 0 0 0 0			
12	16	付12	缴纳税金	3 5 0 5 0 9 8		1 0 5 0 9 8					贷	1 3 6 0 0 0 0 0
				计算填列								

【范例10】 划线更正法

已知华天公司 12 月 2 日向安信公司托收货款 4640 元收回。记账凭证完全正确，账户登记时错把 4640 元登记为 4460 元。

明细分类账　　　　第 1 页
连续第 页

科目编号　　　　　　明细科目　　　　　　总账科目

A/C NO 112201　　　SUB. LED.A/C 安信公司　　　GEN. LED.A/C 应收账款

2009年		凭证字号	摘要	借 方										√	贷 方										√	借或贷	余 额									
月	日			亿	千	百	十	万	千	百	十	元	角	分		亿	千	百	十	万	千	百	十	元	角	分			亿	千	百	十	万	千	百	十	元	角	分
12	1		期初余额																								借					4	6	4	0	0	0
12	2	收1	托收货款收回																4	6	4	0	0	0	平											
																			~~4~~	~~4~~	~~6~~	~~0~~	~~0~~	~~0~~												
																			刘芳																		

【范例11】 红字更正法

12 月 5 日，华天公司开出支票支付广告费 1280 元。登记凭证时错记为：

付款凭证　　　　　　　　　　　　　　付 字第 2 号

贷方科目：银行存款　　　　　2013 年 12 月 5 日　　　　　附件共 贰 张

摘　要	借方科目		过账	金　额								
	总账科目	明细科目		千	百	十	万	千	百	十	元	角	分
支付广告费（已用 12 月 31 日付字第 28、29 号凭证冲正）	管理费用	广告费						1	2	8	0	0	0
合　计							¥	1	2	8	0	0	0

会计主管：　王明：　　记账：韩丽　　审核：李磊　　填制：刘芳

先用红字冲销错账：

付 款 凭 证　　　　　　　　　　　　　付 字第 28 号

贷方科目：银行存款　　　　　2013 年 12 月 31 日　　　　附件共 贰 张

摘　要	借方科目		过账	金　额								
	总账科目	明细科目		千	百	十	万	千	百	十	元	角	分
冲销 12 月 5 日付字第 2 号错误凭证	管理费用	广告费						1	2	8	0	0	0
合　计							¥	1	2	8	0	0	0

会计主管：王明　　记账：韩丽　　审核：李磊　　填制：刘芳

再编制正确分录记账：

付 款 凭 证　　　　　　　　　　　　　付 字第 29 号

贷方科目：银行存款　　　　　2013 年 12 月 31 日　　　　附件共 贰 张

摘　要	借方科目		过账	金　额								
	总账科目	明细科目		千	百	十	万	千	百	十	元	角	分
更正 12 月 5 日付字第 2 号错误凭证	销售费用	广告费						1	2	8	0	0	0
合　计							¥	1	2	8	0	0	0

会计主管：王明　　记账：韩丽　　审核：李磊　　填制：刘芳

【范例 12】红字更正法

12 月 5 日，华天公司开支票支付广告费 1280 元。登记凭证时错记为 12800 元：

付 款 凭 证 　　　　　　　　　　　　　　　　付 字第 _2_ 号

贷方科目：银行存款　　　　　2013 年 12 月 5 日　　　　　　附件共 _贰_ 张

摘 要	借方科目		过账	金 额									
	总账科目	明细科目		千	百	十	万	千	百	十	元	角	分
支付广告费（已用 12 月 31 日付字第 28 号凭证冲正）	销售费用	广告费					1	2	8	0	0	0	0
合　计						￥	1	2	8	0	0	0	0

会计主管：王明　　　　记账：韩丽　　　　审核：李磊　　　　填制：刘芳

把多记的金额冲销：

付 款 凭 证 　　　　　　　　　　　　　　　　付 字第 _28_ 号

贷方科目：银行存款　　　　　2013 年 12 月 31 日　　　　　附件共 _贰_ 张

摘 要	借方科目		过账	金 额									
	总账科目	明细科目		千	百	十	万	千	百	十	元	角	分
冲销 12 月 5 日付字第 2 号凭证多记金额	销售费用	广告费					1	1	5	2	0	0	0
合　计						￥	1	1	5	2	0	0	0

会计主管：王明　　　　记账：韩丽　　　　审核：李磊　　　　填制：刘芳

【范例 13】补充登记法

12 月 5 日，华天公司开支票支付广告费 1280 元。登记凭证时错记为：

付 款 凭 证

贷方科目：银行存款　　　　　　2013 年 12 月 5 日　　　　　　付 字第 2 号　　附件共 贰 张

摘　要	借方科目		过账	金　额									
	总账科目	明细科目		千	百	十	万	千	百	十	元	角	分
支付广告费（已用12月31日付字第28号凭证更正）	销售费用	广告费							1	2	8	0	0
合　计								¥	1	2	8	0	0

会计主管：王明　　　记账：韩丽　　　审核：李磊　　　填制：刘芳

用蓝字补记少记的金额：

付 款 凭 证

贷方科目：银行存款　　　　　　2013 年 12 月 31 日　　　　　　付 字第 28 号　　附件共 贰 张

摘　要	借方科目		过账	金　额									
	总账科目	明细科目		千	百	十	万	千	百	十	元	角	分
补充12月5日付字第2号凭证少记金额	销售费用	广告费						1	1	5	2	0	0
合　计								¥	1	1	5	2	0	0

会计主管：王明　　　记账：韩丽　　　审核：李磊　　　填制：刘芳

【范例 14】账簿结账示例

库存现金日记账

第 1 页

2013年		凭证字号	摘要	对应科目	借方											贷方											余额											√
月	日				亿	千	百	十	万	千	百	十	元	角	分	亿	千	百	十	万	千	百	十	元	角	分	亿	千	百	十	万	千	百	十	元	角	分	
12	1		期初余额																												1	5	3	6	2	9	7	
12	1	付2	支付运费	在途物资																	2	0	0	0	0					1	5	1	6	2	9	7	
12	1		本日合计																			2	0	0	0	0					1	5	1	6	2	9	7	
12	31		本日合计																				3	0	0	0					1	4	5	8	7	9	7	
12	31		本月合计					1	2	1	4	8	8	0					1	2	9	2	3	8	0					1	4	5	8	7	9	7	
12	31		本年合计					1	2	1	4	8	8	0					1	2	9	2	3	8	0					1	4	5	8	7	9	7	

银行存款日记账

第 1 页

2013年 月	日	凭证 字	号	支票 种类	号数	摘要	借方	√	贷方	√	借或贷	余额	√
1	1					上年结转						2 3 0 0 0 0 0 0	
	1	银付	1	支票	2101	提现			3 5 0 0 0 0 0			1 9 5 0 0 0 0 0	
	1	银收	1	支票	3201	销售商品收入	1 1 7 0 0 0 0					2 0 6 7 0 0 0 0	
	1	银收	2	银收	6805	收回前欠货款	5 7 8 0 0 0					2 1 2 4 8 0 0 0	
	2	银收	3	支票	3202	销售商品收入	6 5 3 0 0 0 0					2 7 7 7 8 0 0 0	
						略							
	31					本月合计	1 8 4 5 9 3 2 0		2 5 4 3 6 9 0 0			1 6 0 2 2 4 2 0	
						1~11月累计	1 6 4 9 3 8 2 6 0 0		1 5 9 8 7 5 2 8 0 0			7 3 6 4 9 8 0 0	
12	1	银收	3	支票	4705	收回前欠货款	8 6 0 0 0 0 0					8 2 1 4 9 8 0 0	
	1	银收	2	转存	1137	向银行取得借款	6 0 0 0 0 0 0					1 4 2 1 4 9 8 0 0	
	1	银付	1	支票	4712	支付购料款			1 1 7 0 0 0 0 0 0			2 5 1 4 2 8 0 0	
	2					略							
	31					本月合计	3 1 4 6 8 4 0 0 0		3 6 7 9 2 8 0 0 0			2 0 8 0 5 8 0 0	
	31					本年累计 结转下年	1 9 6 4 0 6 6 6 0 0		1 9 5 6 6 6 0 8 0 0			3 0 4 0 5 8 0 0	

银行存款日记账

2013年 月	日	凭证 字	号	支票 种类	号数	摘要	借方	√	贷方	√	借或贷	余额	√
1	1					上年结转						3 0 4 0 5 8 0 0	
						过次页							

原材料明细账

总页 _____ 分页 17

类别 _____   编号 _____

规格 _____   名称 水泥 _____

最高存量 _____   最低存量 _____   计量单位 吨   计量单位 __   存放地点 _____

2013年 月	日	发证 类别	号数	摘要	借(进仓)方 数量	单价	亿	千	百	十	万	千	百	十	元	角	分	贷(进仓)方 数量	单价	亿	千	百	十	万	千	百	十	元	角	分	余额 数量	单价	亿	千	百	十	万	千	百	十	元	角	分
12	1			期初余额																										10	400					4	0	0	0	0	0	
12	3	转	2	购入材料	100	300					3	0	0	0	0	0																										
12	31	转	10	结转本月领用材料														30						1	0	0	0	0	0														
12	31			本月合计	100	300					3	0	0	0	0	0		30						1	0	0	0	0	0	80						2	4	0	0	0	0	0
12	31			本年合计	100	300					3	0	0	0	0	0		30						1	0	0	0	0	0	80						2	4	0	0	0	0	0

会计科目及编号　　　　　　　　　　　　**总分类账**

ACCOUNT NO. 库存现金　　　　　　　　GENERAL　　LEDGER　　　　　　　第 1 页

2013年 月	日	凭证字号	摘要	借方 亿	千	百	十	万	千	百	十	元	角	分	√	贷方 亿	千	百	十	万	千	百	十	元	角	分	√	借或贷	余额 亿	千	百	十	万	千	百	十	元	角	分
12	1		期初余额																									借			1	5	3	6	2	9	7		
12	31	科汇1	1~31日本月发生额				1	2	1	4	8	8	0						1	2	9	2	3	8	0														
12	31		本月合计				1	2	1	4	8	8	0						1	2	9	2	3	8	0		借			1	4	5	8	7	9	7		
12	31		本年合计				1	2	1	4	8	8	0						1	2	9	2	3	8	0		借			1	4	5	8	7	9	7		

【范例15】现金日记账登记训练

资料:2010 年 1 月 31 日,华强公司"库存现金"账户余额为 5000 元,2 月发生如下现金收支业务:

（1）2日，开出现金支票，提取现金4000元以备零用。

（2）2日，采购员王某报销购买办公用品款50元，用现金支付。

（3）10日，开出现金支票11600元，取回现金以备支付工资。

（4）10日，以现金支付工资11000元。

（5）11日，向银行送存现金600元。

（6）15日，采购员张某到财务科预借差旅费1000元。

（7）19日，业务部报销业务招待费2685元。

（8）21日，采购员张某出差回来报销差旅费780元，交回余款220元。

（9）26日，购买印花税票500元，以现金支付。

（10）28日，支付行政科报销市内交通费420元。

要求：

（一）根据以上经济业务编制会计分录。

（二）登记该公司2月的"现金日记账"并结账。

解析：

（一）编制会计分录如下：

（1）借：库存现金　　　　　　　　　4000

　　　　贷：银行存款　　　　　　　　　　　4000（银付1）

（2）借：管理费用　　　　　　　　　50

　　　　贷：库存现金　　　　　　　　　　　50（现付1）

（3）借：库存现金　　　　　　　　　11600

　　　　贷：银行存款　　　　　　　　　　　11600（银付2）

（4）借：应付职工薪酬　　　　　　　11000

　　　　贷：库存现金　　　　　　　　　　　11000（现付2）

（5）借：银行存款　　　　　　　　　600

　　　　贷：库存现金　　　　　　　　　　　600（现付3）

（6）借：其他应收款——张某　　　　1000

　　　　贷：库存现金　　　　　　　　1000（现付4）

（7）借：管理费用　　　　　　　　　2685

　　　　贷：库存现金　　　　　　　　2685（现付5）

（8）借：管理费用　　　　　　　　　780

　　　　贷：其他应收款——张某　　　780

　　　借：库存现金　　　　　　　　　220

　　　　贷：其他应收款——张某　　　220（现收1）

（9）借：管理费用　　　　　　　　　500

　　　　贷：库存现金　　　　　　　　500（现付6）

（10）借：管理费用　　　　　　　　　420

　　　　贷：库存现金　　　　　　　　420（现付7）

（二）2月现金日记账登记如下：

库存现金日记账

2010年		凭证		摘要	对方科目	收入	支出	余额
月	日	号	数					
2	1			期初余额				5000
	2	银付	1	提现	银行存款	4000		9000
	2	现付	1	购办公用品	管理费用		50	8950
	10	银付	2	提现	银行存款	11600		20550
	10	现付	2	支付工资	应付职工薪酬		11000	9550
	11	现付	3	存入银行	银行存款		600	8950
	15	现付	4	预借款	其他应收款		1000	7950
	19	现付	5	报销业务招待费	管理费用		2685	5265
	21	现收	1	余款退回	其他应收款	220		5485
	26	现付	6	购印花税票	管理费用		500	4985
	28	现付	7	报销交通费	管理费用		420	4565
	28			本月合计		15820	16255	4565

【范例16】银行存款日记账登记训练

资料：江西忠强公司2月27日至3月15日发生下列收支业务：

（1）2月27日，收到甲公司归还前欠货款30000元，款项存入银行（附件1张）（凭证号：收8）。

（2）2月28日，以银行存款归还本月到期的短期借款10000元（附件1张）（凭证号：付9）。

（3）3月1日，出售产品一批，价款50000元，增值税8500元，全部款项均已收存银行（注：对方科目写在同一行）（附件2张）。

（4）3月2日，以银行存款支付前欠货款6000元（附件1张）。

（5）3月4日，开出转账支票1张，支付上月所欠购料款15600元（附件1张）。

（6）3月6日，预收大华公司货款5668元，款项已存入银行（附件1张）。

（7）3月8日，开出现金支票1张，提取现金1200元（附件1张）。

（8）3月10日，以库存现金350元支付购买材料的运杂费（附件1张）。

（9）3月12日，收到红光公司投入货币资金100000元，款项存入银行（附件1张）。

（10）3月15日，开出转账支票1张，缴纳上月应交税费950元（附件1张）。

现给出银行存款日记账账页如下：

银行存款日记账

编号：80

2013年		凭证		摘要	对方科目	收入	支出	余额
月	日	号	数					
2	26			承前页		60000	20000	80000

银行存款日记账

2013 年		凭证		摘要	对方科目	收入	支出	余额
月	日	号	数					

要求：

（一）根据上述经济业务编制相应会计分录。

（二）登记银行存款日记账，并进行 2 月的"月结"和相应转页登记。

解析：

（一）根据上述资料编制会计分录如下：

（1）借：银行存款　　　　　　　30000

　　　贷：应收账款　　　　　　　　　　　　30000（银收 8）

（2）借：短期借款　　　　　　　10000

　　　贷：银行存款　　　　　　　　　　　　10000（银付 9）

（3）借：银行存款　　　　　　　58500

　　　贷：主营业务收入　　　　　　　　　　50000

　　　　　应交税费——应交增值税（销项税额）　　8500（银收 1）

（4）借：应付账款　　　　　　　6000

　　　贷：银行存款　　　　　　　　　　　　6000（银付 1）

（5）借：应付账款　　　　　　　15600

　　　贷：银行存款　　　　　　　　　　　　15600（银付 2）

（6）借：银行存款　　　　　　　5668

　　　贷：预收账款　　　　　　　5668（银收 2）

（7）借：库存现金   1200

        贷：银行存款   1200（银付 3）

（8）借：在途物资   350

        贷：库存现金   350（现付 4）

（9）借：银行存款   100000

        贷：实收资本   100000（银收 3）

（10）借：应交税费   950

        贷：银行存款   950（银付 4）

（二）登记银行存款日记账并进行 2 月的"月结"和相应转页登记如下：

银行存款日记账

编号：80

2013 年		凭证		摘要	对方科目	收入	支出	余额
月	日	号	数					
2	26			承前页		60000	20000	80000
	27	银收 8		收到欠款	应收账款	30000		110000
	28	银付 9		归还银行借款	短期借款		10000	100000
	28			本月合计		90000	30000	100000
3	1	银收 1		销售产品	主营业务收入、应交税费	58500		158500
	2	银付 1			应付账款		6000	152500
	4	银付 2			应付账款		15600	136900
				过次页		58500	21600	136900

银行存款日记账

编号：81

2013 年		凭证		摘要	对方科目	收入	支出	余额
月	日	号	数					
				承前页		58500	21600	136900
3	8	银收 2		预收货款	预收账款	5668		142568
	10	银付 3		提现	库存现金		1200	141368
	12	银收 3		接受投资	实收资本	100000		241368
	15	银付 4		交税	应交税费		950	240418

【范例 17】明细账与总账登记训练

新民化工厂 2013 年 1 月 1 日"原材料"账户财会部门期初余额为 390000 元。其中，甲材料 4000 千克，每千克 60 元，计 240000 元；乙材料 5000 千克，每千克 30 元，计 150000 元。

新民化工厂 2013 年 1 月发生的部分经济业务如下：

（1）5 日，财会部门收到"入库单"。业务内容：甲材料 6000 千克，每千克 60 元。乙材料 5000 千克，每千克 30 元。

（2）8 日，财会部门收到"领料单"。业务内容：生产 A 产品领用甲材料 9000 千克，乙材料 7000 千克。

（3）20 日，财会部门收到"入库单"。业务内容：甲材料 1000 千克，每千克 60 元；乙材料 2000 千克，每千克 30 元。

（4）25 日，财会部门收到"领料单"。业务内容：生产 A 产品领用甲材料 1200 千克，乙材料 4000 千克。

要求：

（1）根据资料开设并登记"原材料"总分类账户和"原材料——甲材料"、"原材料——乙材料"明细分类账户。

（2）总账与明细账进行核对。

解析：首先，开设并登记"原材料"总分类账户和"原材料——甲材料"、"原材料——乙材料"明细分类账户（数量金额式）；其次，根据记账凭证登记总分类账和原材料明细账并进行核对。

总分类账

会计科目：原材料

2013 年		凭 证		摘要	借方	贷方	核对号	借或贷	余额
月	日	号	数						
1	1			期初余额	390000.00			借	390000.00
	5			材料入库	510000.00			借	900000.00
	8			领料生产		750000.00		借	150000.00
	20			材料入库	120000.00			借	270000.00

续表

2013年		凭 证		摘要	借方	贷方	核对号	借或贷	余额
月	日	号	数						
	25			领料生产		192000.00		借	78000.00
	30			本月合计	102000.00	942000.00		借	78000.00

原材料明细账

会计科目：甲材料

2013年		凭证号	摘要	借方			贷方			核对号	余额		
月	日			数量	单价	金额	数量	单价	金额		数量	单价	金额
1	1		期初余额	4000	60.00	240000.00					4000	60.00	240000.00
	5		原材料入库	6000	60.00	360000.00					10000	60.00	600000.00
	8		生产领用				9000	60.00	540000.00		1000	60.00	60000.00
	20		原材料入库	1000	60.00	60000.00					2000	60.00	120000.00
	25		生产领用				1200	60.00	72000.00		800	60.00	48000.00
	31		本月合计	11000	60.00	660000.00	10200	60.00	612000.00		800	60.00	48000.00

原材料明细账

会计科目：乙材料

2013年		凭证号	摘要	借方			贷方			核对号	余额		
月	日			数量	单价	金额	数量	单价	金额		数量	单价	金额
1	1		期初余额	5000	30.00	150000.00					5000	30.00	150000.00
	5		原材料入库	5000	30.00	150000.00					10000	30.00	300000.00
	8		生产领用				7000	30.00	210000.00		3000	30.00	90000.00
	20		原材料入库	2000	30.00	60000.00					5000	30.00	150000.00
	25		生产领用				4000	30.00	120000.00		1000	30.00	30000.00
	31		本月合计	12000	30.00	360000.00	11000	30.00	330000.00		1000	30.00	30000.00

经核对，明细账余额之和等于总账余额（78000=48000+30000）。

【范例18】对账和结账训练

江西宏达钢铁厂2013年12月份的有关资料如下：

12 月 1 日, 总分类账户期初余额资料如下表所示:

账户名称	借方余额	账户名称	贷方余额
库存现金	3000	短期借款	180000
银行存款	139500	应付账款	60000
应收账款	88000	其他应付款	800
原材料	560000	应交税费	6300
库存商品	350000	实收资本	1000000
预付账款	24000	盈余公积	153700
固定资产	890900	本年利润	400000
		累计折旧	254600
合 计	2055400	合 计	2055400

12 月 1 日, 有关明细账户期初余额如下:

应收账款——大华公司(借方)   1000 元

　　　　　——文圣工厂(借方)   87000 元

原材料 ——C 材料 2000 千克, 每千克 100 元, 计 200000 元

　　　　——D 材料 3000 千克, 每千克 120 元, 计 360000 元

12 月发生以下经济业务:

(1) 1 日, 收到盛达公司投入资金 700000 元, 款已存入银行。

(2) 2 日, 以转账支票购进 C 材料 3000 千克, 每千克买价 90 元, D 材料 2000 千克, 每千克买价 110 元, 增值税税率 17%, 材料未到达。

(3) 3 日, 以转账支票支付上述 C、D 两种材料的运费 8000 元, 按两种材料重量比例分配 (运费不考虑增值税, 下同)。

(4) 4 日, 上述购入的 C、D 材料运到, 财会部门收到了"入库单"。

(5) 6 日, 从银行取得 9 个月期的借款 60000 元。

(6) 7 日, 销售甲产品 700 件给大华公司, 每件售价 2000 元, 增值税税率 17%, 货款尚未收到。

(7) 8 日, 生产甲产品领用 C 材料 1400 千克, 生产乙产品领用 D 材料 900 千克 (C 材料单位成本为 94 元/千克, D 材料单位成本为 116 元/千克)。

（8）9日，以银行存款归还上月欠华兴公司货款 60000 元。

（9）10日，以转账支票支付水电费共 10000 元，其中，车间水电费 8000 元、行政管理部门水电费 2000 元。

（10）11日，以现金支付行政管理部门电话费 650 元。

（11）13日，收到 12 月 7 日销售的甲产品的货款存入银行。

（12）15日，销售给文圣工厂甲产品 400 件，每件售价 1980 元，增值税税率17%，货款尚未收到。

（13）16日，从华阳公司购进 C 材料 6000 千克，单价 100 元/千克，D 材料3000 千克，单价 91 元/千克，增值税税率为 17%，款暂欠，材料已收到入库，财会部门收到了"入库单"。

（14）17日，从银行提取现金 39000 元发放工资，当日发放完毕。

（15）18日，发出 D 材料 1000 千克，其中生产乙产品领用 800 千克，车间一般耗用 80 千克，管理部门耗用 120 千克（D 材料单位成本为 106.63 元/千克）。

（16）19日，销售甲产品 1 件，每件销售价 2000 元，增值税税率为 17%，款项收到现金。

（17）19日，财会部门将现金 2340 元送存银行。

（18）31日，转账支付银行短期借款利息 1500 元。

（19）31日，分配工资，其中生产甲产品工人工资为 8000 元，生产乙产品工人工资为 12000 元，车间管理人员工资为 10000 元，厂部管理人员工资为 9000 元。

（20）31日，计提固定资产折旧，其中车间固定资产折旧 14000 元，管理部门固定资产折旧 6000 元。

（21）31日，将制造费用按生产甲、乙两种产品生产工人工资比例分配给甲、乙两种产品。

（22）31日，乙产品 1000 件全部完工入库，按实际成本入账。

（23）31日，销售乙产品 500 件，每件售价 600 元，增值税税率为 17%，款项已存入银行。

（24）31 日，以转账支票支付产品广告费 3840 元。

（25）31 日，计提本月的城市维护建设税 10200 元。

（26）31 日，结转本月销售甲、乙产品的生产成本（甲产品单位生产成本为 1200 元，乙产品单位生产成本为 149.25 元）。

（27）31 日，将所有损益类账户余额转入"本年利润"账户。

（28）31 日，按全年利润总额的 25%计提所得税，并转入"本年利润"账户，结转本年利润。

（29）31 日，按税后利润的 10%提取法定盈余公积金。

（30）31 日，按税后利润的 40%计算登记分配给投资人的利润。

（31）31 日，将"本年利润"账户余额转入"利润分配——未分配利润"明细账户。

要求：

（一）根据上述会计事项编制会计分录。

（二）根据会计分录填制记账凭证。

（三）根据所给资料开设现金日记账、银行存款日记账并进行业务登记。

（四）登记明细分类账（此处只登记"原材料"和"应收账款"明细账）。

（五）根据所给资料开设各总分类账户并进行业务登记。

（六）总账与日记账进行核对，总账与所属明细账进行核对，做到账账相符。并按规定进行结账。

解析：

（一）根据上述会计事项编制会计分录如下：

（1）借：银行存款   700000

　　　贷：实收资本   700000

（2）借：在途物资——C 材料   270000

　　　　　　　　——D 材料   220000

应交税费——应交增值税（进项税额）	83300	
贷：银行存款		573300
（3）借：在途物资——C 材料	4800	
——D 材料	3200	
贷：银行存款		8000
（4）借：原材料——C 材料	274800	
——D 材料	223200	
贷：在途物资——C 材料		274800
——D 材料		223200
（5）借：银行存款	60000	
贷：短期借款		60000
（6）借：应收账款——大华公司	1638000	
贷：主营业务收入		1400000
应交税费——应交增值税（销项税额）		238000
（7）借：生产成本——甲产品	131600	
——乙产品	104400	
贷：原材料——C 材料		131600
——D 材料		104400
（8）借：应付账款——华兴公司	60000	
贷：银行存款		60000
（9）借：制造费用	8000	
管理费用	2000	
贷：银行存款		10000
（10）借：管理费用	650	
贷：库存现金		650

（11）借：银行存款　　　　　　　　　　　　　　1638000

　　　　　贷：应收账款——大华公司　　　　　　　　　　　　1638000

（12）借：应收账款——文圣工厂　　　　　　　　926640

　　　　　贷：主营业务收入　　　　　　　　　　　　　　　　792000

　　　　　　　应交税费——应交增值税（销项税额）　　　　　134640

（13）借：在途物资——C 材料　　　　　　　　　　600000

　　　　　　　　　　——D 材料　　　　　　　　　273000

　　　　　应交税费——应交增值税（进项税额）　　148410

　　　　　贷：应付账款——华阳公司　　　　　　　　　　　　1021410

　　　　借：原材料——C 材料　　　　　　　　　　600000

　　　　　　　　　　——D 材料　　　　　　　　　273000

　　　　　贷：在途物资——C 材料　　　　　　　　　　　　　600000

　　　　　　　　　　　——D 材料　　　　　　　　　　　　　273000

（14）借：库存现金　　　　　　　　　　　　　　　39000

　　　　　贷：银行存款　　　　　　　　　　　　　　　　　　39000

　　　　借：应付职工薪酬　　　　　　　　　　　　39000

　　　　　贷：库存现金　　　　　　　　　　　　　　　　　　39000

（15）借：生产成本——乙产品　　　　　　　　　85304.00

　　　　　　制造费用　　　　　　　　　　　　　8530.40

　　　　　　管理费用　　　　　　　　　　　　12795.60

　　　　　贷：原材料——D 材料　　　　　　　　　　　　　106630

（16）借：库存现金　　　　　　　　　　　　　　　2340

　　　　　贷：主营业务收入　　　　　　　　　　　　　　　　2000

　　　　　　　应交税费——应交增值税（销项税额）　　　　　　340

（17）借：银行存款　　　　　　　　　　2340

　　　　　贷：库存现金　　　　　　　　　　　　　2340

（18）借：财务费用　　　　　　　　　　1500

　　　　　贷：银行存款　　　　　　　　　　　　　1500

（19）借：生产成本——甲产品　　　　　8000

　　　　　　　　　——乙产品　　　　　12000

　　　　制造费用　　　　　　　　　　10000

　　　　管理费用　　　　　　　　　　9000

　　　　　贷：应付职工薪酬　　　　　　　　　　39000

（20）借：制造费用　　　　　　　　　　14000

　　　　管理费用　　　　　　　　　　6000

　　　　　贷：累计折旧　　　　　　　　　　　　20000

（21）借：生产成本——甲产品　　　　16212.16

　　　　　　　　　——乙产品　　　　24318.24

　　　　　贷：制造费用　　　　　　　　　　40530.40

（22）借：库存商品——乙产品　　　　149252

　　　　　贷：生产成本——乙产品　　　　　　149252

（23）借：银行存款　　　　　　　　　351000

　　　　　贷：主营业务收入　　　　　　　　　300000

　　　　　　应交税费——应交增值税（销项税额）　　51000

（24）借：销售费用　　　　　　　　　3840

　　　　　贷：银行存款　　　　　　　　　　　　3840

（25）借：营业税金及附加　　　　　　10200

　　　　　贷：应交税费——应交城建税　　　　　10200

（26）借：主营业务成本   1395825

    贷：库存商品——甲产品   1321200

          ——乙产品   4625

（27）借：主营业务收入   2494000

    贷：本年利润   2494000

    借：本年利润   1441810.60

       贷：主营业务成本   1395825

          营业税金及附加   10200

          管理费用   30445.60

          财务费用   500

          销售费用   3840

（28）借：所得税费用   263047.40

    贷：应交税费——应交所得税   263047.40

    借：本年利润   263047.40

       贷：所得税费用   263047.40

（29）借：本年利润   789142

     贷：利润分配——未分配利润   789142

    借：利润分配——提取法定盈余公积   78914.20

       贷：盈余公积   78914.20

（30）借：利润分配——应付股利   315656.80

     贷：应付股利   315656.80

（31）借：利润分配——未分配利润   394571

    贷：利润分配——提取法定盈余公积   78914.20

          ——应付股利   315656.80

（二）根据会计分录填制记账凭证如下：

收款凭证

总号：第 01 号

借方科目：银行存款　　2013 年 12 月 1 日　　　　　　　　分号：银收字第 01 号

摘要	贷方科目		金　额										记账符号
	总账科目	明细科目	千	百	十	万	千	百	十	元	角	分	
收到投资	实收资本				7	0	0	0	0	0	0	0	√
合　计			¥	7	0	0	0	0	0	0	0	0	

附件 × 张

会计主管：×××　　记账：×××　　审核：×××　　出纳：×××　　制单：×××

付款凭证

总号：第 02 号

贷方科目：银行存款　　　　2013 年 12 月 2 日　　　　　　　分号：银付字第 01 号

摘　要	借方科目		金　额										记账符号
	总账科目	明细科目	千	百	十	万	千	百	十	元	角	分	
购料	在途物资	C 材料		2	7	0	0	0	0	0	0	0	√
	在途物资	D 材料		2	2	0	0	0	0	0	0	0	√
	应交税费	应交增值税			8	3	3	0	0	0	0	0	√
合　计			¥	5	7	3	3	0	0	0	0	0	

附件 × 张

会计主管：×××　　记账：×××　　审核：×××　　出纳：×××　　制单：×××

付款凭证

总号：第 03 号

贷方科目：银行存款　　2013 年 12 月 3 日　　　　　　　　分号：银付字第 02 号

摘要	借方科目		金　额										记账符号
	总账科目	明细科目	千	百	十	万	千	百	十	元	角	分	
付运费	在途物资	C 材料					4	8	0	0	0	0	√
	在途物资	D 材料					3	2	0	0	0	0	√
合　计						¥	8	0	0	0	0	0	

附件 × 张

会计主管：×××　　记账：×××　　审核：×××　　出纳：×××　　制单：×××

转账凭证

2013 年 12 月 4 日　　　　总号：第 04 号　　分号：转字第 01 号

摘要	总账科目	明细科目	借方金额 十	万	千	百	十	元	角	分	贷方金额 十	万	千	百	十	元	角	分	记账符号
材料入库	原材料	C材料	2	7	4	8	0	0	0	0									√
	原材料	D材料	2	2	3	2	0	0	0	0									√
	在途物资	C材料										2	7	4	8	0	0	0	0	√
	在途物资	D材料										2	2	3	2	0	0	0	0	√
合　计			4	9	8	0	0	0	0	0	4	9	8	0	0	0	0	0	

会计主管：×××　记账：×××　审核：×××　出纳：×××　制单：×××

附件 × 张

收款凭证

借方科目：银行存款　　2013 年 12 月 6 日　　总号：第 05 号　　分号：银收字第 02 号

摘要	贷方科目 总账科目	明细科目	金额 千	百	十	万	千	百	十	元	角	分	记账符号
借款	短期借款					6	0	0	0	0	0	0	√
合　计					¥	6	0	0	0	0	0	0	

会计主管：×××　记账：×××　审核：×××　出纳：×××　制单：×××

附件 × 张

转账凭证

2013 年 12 月 7 日　　　　总号：第 06 号　　分号：转字第 02 号

摘要	总账科目	明细科目	借方金额 百	十	万	千	百	十	元	角	分	贷方金额 百	十	万	千	百	十	元	角	分	记账符号
销货	应收账款	大华公司	1	6	3	8	0	0	0	0	0										√
	主营业务收入												1	4	0	0	0	0	0	0	0	√
	应交税费	应交增值税												2	3	8	0	0	0	0	0	√
合　计			1	6	3	8	0	0	0	0	0	1	6	3	8	0	0	0	0	0	

会计主管：×××　记账：×××　审核：×××　出纳：×××　制单：×××

附件 × 张

转账凭证

2013 年 12 月 8 日　　　　总号：第 07 号　　分号：转字第 03 号

摘要	总账科目	明细科目	借方金额 十	万	千	百	十	元	角	分	贷方金额 十	万	千	百	十	元	角	分	记账符号
领用材料	生产成本	甲产品	1	3	1	6	0	0	0	0									√
	生产成本	乙产品	1	0	4	4	0	0	0	0									√
	原材料	C材料									1	3	1	6	0	0	0	0	√
	原材料	D材料									1	0	4	4	0	0	0	0	√
合　计			2	3	6	0	0	0	0	0	2	3	6	0	0	0	0	0	

会计主管：×××　记账：×××　审核：×××　出纳：×××　制单：×××

附件 × 张

付款凭证

总号：第 08 号

贷方科目：银行存款   2013 年 12 月 9 日   分号：银付字第 03 号

摘 要	借方科目		金 额									记账符号
	总账科目	明细科目	千	百	十	万	千	百	十	元	角	分	
还货款	应付账款	华兴公司			6	0	0	0	0	0	0	√
合 计				¥	6	0	0	0	0	0	0	

附件 × 张

会计主管：×××   记账：×××   审核：×××   出纳：×××   制单：×××

付款凭证

总号：第 09 号

贷方科目：银行存款   2013 年 12 月 10 日   分号：银付字第 04 号

摘 要	借方科目		金 额									记账符号
	总账科目	明细科目	千	百	十	万	千	百	十	元	角	分	
付水电费	制造费用						8	0	0	0	0	0	√
	管理费用						2	0	0	0	0	0	√
合 计					¥	1	0	0	0	0	0	0	

附件 × 张

会计主管：×××   记账：×××   审核：×××   出纳：×××   制单：×××

付款凭证

总号：第 10 号

贷方科目：库存现金   2013 年 12 月 11 日   分号：现付字第 01 号

摘 要	借方科目		金 额									记账符号
	总账科目	明细科目	千	百	十	万	千	百	十	元	角	分	
付电话费	管理费用							6	5	0	0	0	√
合 计						¥	6	5	0	0	0	

附件 × 张

会计主管：×××   记账：×××   审核：×××   出纳：×××   制单：×××

收款凭证

总号：第 11 号

借方科目：银行存款   2013 年 12 月 13 日   分号：银收字第 03 号

摘 要	贷方科目		金 额									记账符号
	总账科目	明细科目	千	百	十	万	千	百	十	元	角	分	
销货款入账	应收账款	大华公司	1	6	3	8	0	0	0	0	0	√
合 计			¥	1	6	3	8	0	0	0	0	0	

附件 × 张

会计主管：×××   记账：×××   审核：×××   出纳：×××   制单：×××

转账凭证

总号：第 12 号
分号：转字第 04 号

2013 年 12 月 15 日

摘要	总账科目	明细科目	借方金额								贷方金额									记账符号
			十	万	千	百	十	元	角	分	十	万	千	百	十	元	角	分	
销货	应收账款	文圣工厂	9	2	6	6	4	0	0	0									√
	主营业务收入										7	9	2	0	0	0	0	0	√
	应交税费	应交增值税									1	3	4	6	4	0	0	0	√
合 计			9	2	6	6	4	0	0	0	9	2	6	6	4	0	0	0	

会计主管：××× 记账：××× 审核：××× 出纳：××× 制单：×××

附件×张

转账凭证

总号：第 13 1/2 号
分号：转字第 05 号

2013 年 12 月 16 日

摘要	总账科目	明细科目	借方金额								贷方金额									记账符号
			百	十	万	千	百	十	元	角	分	百	十	万	千	百	十	元	角	分	
购料	在途物资	C材料	6	0	0	0	0	0	0	0									√
	在途物资	D材料	2	7	3	0	0	0	0	0									√
	应交税费	应交增值税	1	4	8	4	1	0	0	0									√
	应付账款	华阳公司									1	0	2	1	4	1	0	0	0	√
合 计			1	0	2	1	4	1	0	0	0	1	0	2	1	4	1	0	0	0	

会计主管：××× 记账：××× 审核：××× 出纳：××× 制单：×××

附件×张

转账凭证

总号：第 13 2/2 号
分号：转字第 06 号

2013 年 12 月 16 日

摘要	总账科目	明细科目	借方金额								贷方金额									记账符号
			十	万	千	百	十	元	角	分	十	万	千	百	十	元	角	分	
材料入库	原材料	C材料	6	0	0	0	0	0	0	0									√
	原材料	D材料	2	7	3	0	0	0	0	0									√
	在途物资	C材料									6	0	0	0	0	0	0	0	√
	在途物资	D材料									2	7	3	0	0	0	0	0	√
合 计			8	7	3	0	0	0	0	0	8	7	3	0	0	0	0	0	

会计主管：××× 记账：××× 审核：××× 出纳：××× 制单：×××

附件×张

付款凭证

总号：第 14 1/2 号
分号：银付字第 05 号

贷方科目：银行存款   2013 年 12 月 17 日

摘要	借方科目		金额										记账符号
	总账科目	明细科目	千	百	十	万	千	百	十	元	角	分	
提现	库存现金					3	9	0	0	0	0	0	√
合 计				¥	3	9	0	0	0	0	0		

会计主管：××× 记账：××× 审核：××× 出纳：××× 制单：×××

附件×张

付款凭证

贷方科目：库存现金　　　　　　2013 年 12 月 17 日　　　　　　分号：现付字第 02 号

摘 要	借方科目		金 额										记账符号
	总账科目	明细科目	千	百	十	万	千	百	十	元	角	分	
发工资	应付职工薪酬				3	9	0	0	0	0	0	0	√
合 计				¥	3	9	0	0	0	0	0	0	

会计主管：××× 记账：××× 审核：××× 出纳：××× 制单：×××

附件 × 张

转账凭证

2013 年 12 月 18 日

分号：转字第 07 号

摘 要	总账科目	明细科目	借方金额								贷方金额								记账符号
			十	万	千	百	十	元	角	分	十	万	千	百	十	元	角	分	
领料	生产成本	乙产品		8	5	3	0	4	0	0									√
	制造费用				8	5	3	0	4	0									√
	管理费用			1	2	7	9	5	6	0									√
	原材料	D 材料									1	0	6	6	3	0	0	0	√
合 计			1	0	6	6	3	0	0	0	1	0	6	6	3	0	0	0	

会计主管：××× 记账：××× 审核：××× 出纳：××× 制单：×××

附件 × 张

收款凭证

借方科目：库存现金　　　　　　2013 年 12 月 19 日　　　　　　分号：现收字第 01 号

摘 要	贷方科目		金 额										记账符号
	总账科目	明细科目	千	百	十	万	千	百	十	元	角	分	
销货	主营业务收入					2	0	0	0	0	0	0	√
	应交税费	应交增值税					3	4	0	0	0	0	√
合 计					¥	2	3	4	0	0	0	0	

会计主管：××× 记账：××× 审核：××× 出纳：××× 制单：×××

附件 × 张

付款凭证

贷方科目：库存现金　　　　　　2013 年 12 月 19 日　　　　　　分号：现付字第 03 号

摘 要	借方科目		金 额										记账符号
	总账科目	明细科目	千	百	十	万	千	百	十	元	角	分	
现金送存	银行存款						2	3	4	0	0	0	√
合 计					¥		2	3	4	0	0	0	

会计主管：××× 记账：××× 审核：××× 出纳：××× 制单：×××

附件 × 张

付款凭证

总号：第 18 号

2013 年 12 月 19 日

分号：银付字第 06 号

贷方科目：银行存款

摘 要	借方科目		金 额										记账符号
	总账科目	明细科目	千	百	十	万	千	百	十	元	角	分	
支付利息	财务费用					1	5	0	0	0	0	0	√
合 计					¥	1	5	0	0	0	0	0	

附件 × 张

会计主管：××× 记账：××× 审核：××× 出纳：××× 制单：×××

转账凭证

总号：第 19 号

2013 年 12 月 31 日

分号：转字第 08 号

摘 要	总账科目	明细科目	借方金额								贷方金额								记账符号
			十	万	千	百	十	元	角	分	十	万	千	百	十	元	角	分	
分配工资	生产成本	甲产品		8	0	0	0	0	0	0									√
	生产成本	乙产品		1	2	0	0	0	0	0									√
	制造费用			1	0	0	0	0	0	0									√
	管理费用			9	0	0	0	0	0	0									√
	应付职工薪酬											3	9	0	0	0	0	0	√
合 计			3	9	0	0	0	0	0	0		3	9	0	0	0	0	0	

附件 × 张

会计主管：××× 记账：××× 审核：××× 出纳：××× 制单：×××

转账凭证

总号：第 20 号

2013 年 12 月 31 日

分号：转字第 09 号

摘 要	总账科目	明细科目	借方金额								贷方金额								记账符号
			十	万	千	百	十	元	角	分	十	万	千	百	十	元	角	分	
计提折旧	制造费用			1	4	0	0	0	0	0									√
	管理费用				6	0	0	0	0	0									√
	累计折旧											2	0	0	0	0	0	0	√
合 计			2	0	0	0	0	0	0	0		2	0	0	0	0	0	0	

附件 × 张

会计主管：××× 记账：××× 审核：××× 出纳：××× 制单：×××

转账凭证

总号：第 21 号

2013 年 12 月 31 日

分号：转字第 10 号

摘 要	总账科目	明细科目	借方金额								贷方金额								记账符号
			十	万	千	百	十	元	角	分	十	万	千	百	十	元	角	分	
分配制造费用	生产成本	甲产品		1	6	2	1	2	1	6									√
	生产成本	乙产品		2	4	3	1	8	2	4									√
	制造费用											4	0	5	3	0	4	0	√
合 计			4	0	5	3	0	4	0			4	0	5	3	0	4	0	

附件 × 张

会计主管：××× 记账：××× 审核：××× 出纳：××× 制单：×××

转账凭证　　　　　　　　　　　总号：第 22 号

2013 年 12 月 31 日　　　　　　　　分号：转字第 11 号

摘要	总账科目	明细科目	借方金额								贷方金额								记账符号
			十	万	千	百	十	元	角	分	十	万	千	百	十	元	角	分	
产品完工入库	库存商品	乙产品	1	4	9	2	5	2	0	0									√
	生产成本	乙产品									1	4	9	2	5	2	0	0	√
合　计			1	4	9	2	5	2	0	0	1	4	9	2	5	2	0	0	

附件 × 张

会计主管：×××　记账：×××　审核：×××　出纳：×××　制单：×××

收款凭证　　　　　　　　　　　总号：第 23 号

借方科目：银行存款　　　　2013 年 12 月 31 日　　　　分号：银收字第 04 号

摘要	贷方科目		金额										记账符号
	总账科目	明细科目	千	百	十	万	千	百	十	元	角	分	
销货	主营业务收入				3	0	0	0	0	0	0	0	√
	应交税费	应交增值税				5	1	0	0	0	0	0	√
合　计				¥	3	5	1	0	0	0	0	0	

附件 × 张

会计主管：×××　记账：×××　审核：×××　出纳：×××　制单：×××

付款凭证　　　　　　　　　　　总号：第 24 号

贷方科目：银行存款　　　　2013 年 12 月 31 日　　　　分号：银付字第 07 号

摘要	借方科目		金额										记账符号
	总账科目	明细科目	千	百	十	万	千	百	十	元	角	分	
付广告费	销售费用						3	8	4	0	0	0	√
合　计						¥	3	8	4	0	0	0	

附件 × 张

会计主管：×××　记账：×××　审核：×××　出纳：×××　制单：×××

转账凭证　　　　　　　　　　　总号：第 25 号

2013 年 12 月 31 日　　　　　　　　分号：转字第 12 号

摘要	总账科目	明细科目	借方金额								贷方金额								记账符号
			十	万	千	百	十	元	角	分	十	万	千	百	十	元	角	分	
计提城建税	营业税金及附加			1	0	2	0	0	0	0									√
	应交税费	应交城建税										1	0	2	0	0	0	0	√
合　计			¥	1	0	2	0	0	0	0	¥	1	0	2	0	0	0	0	

附件 × 张

会计主管：×××　记账：×××　审核：×××　出纳：×××　制单：×××

转账凭证

总号：第 26 号

2013 年 12 月 31 日

分号：转字第 13 号

摘 要	总账科目	明细科目	借方金额									贷方金额									记账符号
			百	十	万	千	百	十	元	角	分	百	十	万	千	百	十	元	角	分	
结转销货成本	主营业务成本			1	3	9	5	8	2	5	0	0										√
	库存商品	甲产品											1	3	2	1	2	0	0	0	0	√
		乙产品												7	4	6	2	5	0	0	√
合 计				1	3	9	5	8	2	5	0	0	1	3	9	5	8	2	5	0	0	

会计主管：×××　记账：×××　审核：×××　出纳：×××　制单：×××

附件×张

转账凭证

总号：第 27$\frac{1}{2}$ 号

2013 年 12 月 31 日

分号：转字第 14 号

摘 要	总账科目	明细科目	借方金额									贷方金额									记账符号
			百	十	万	千	百	十	元	角	分	百	十	万	千	百	十	元	角	分	
结转损益	主营业务收入			2	4	9	4	0	0	0	0	0										√
	本年利润												2	4	9	4	0	0	0	0	0	√
合 计				2	4	9	4	0	0	0	0	0	2	4	9	4	0	0	0	0	0	

会计主管：×××　记账：×××　审核：×××　出纳：×××　制单：×××

附件×张

转账凭证

总号：第 27$\frac{2}{2}$ 号

2013 年 12 月 31 日

分号：转字第 15 号

摘 要	总账科目	明细科目	借方金额									贷方金额									记账符号
			百	十	万	千	百	十	元	角	分	百	十	万	千	百	十	元	角	分	
结转损益	本年利润			1	4	4	1	8	1	0	6	0										√
	主营业务成本												1	3	9	5	8	2	5	0	0	√
	营业税金及附加													1	0	2	0	0	0	0	0	√
	管理费用													3	0	4	4	5	6	0	√
	财务费用														1	5	0	0	0	0	√
	销售费用														3	8	4	0	0	0	√
合 计				1	4	4	1	8	1	0	6	0	1	4	4	1	8	1	0	6	0	

会计主管：×××　记账：×××　审核：×××　出纳：×××　制单：×××

附件×张

转账凭证

2013 年 12 月 31 日

总号：第 $28\frac{1}{2}$ 号

分号：转字第 16 号

摘　要	总账科目	明细科目	借方金额								贷方金额								记账符号
			十	万	千	百	十	元	角	分	十	万	千	百	十	元	角	分	
计提所得税	所得税费用			2	6	3	0	4	7	4	0									√
	应交税费	应交所得税											2	6	3	0	4	7	4	0	√
合　计				2	6	3	0	4	7	4	0		2	6	3	0	4	7	4	0	

会计主管：×××　　记账：×××　　审核：×××　　出纳：×××　　制单：×××

附件×张

转账凭证

2013 年 12 月 31 日

总号：第 $28\frac{2}{2}$ 号

分号：转字第 17 号

摘　要	总账科目	明细科目	借方金额								贷方金额								记账符号
			十	万	千	百	十	元	角	分	十	万	千	百	十	元	角	分	
结转所得税	本年利润			2	6	3	0	4	7	4	0									√
		所得税费用											2	6	3	0	4	7	4	0	√
合　计				2	6	3	0	4	7	4	0		2	6	3	0	4	7	4	0	

会计主管：×××　　记账：×××　　审核：×××　　出纳：×××　　制单：×××

附件×张

转账凭证

2013 年 12 月 31 日

总号：第 $29\frac{1}{2}$ 号

分号：转字第 18 号

摘　要	总账科目	明细科目	借方金额								贷方金额								记账符号
			十	万	千	百	十	元	角	分	十	万	千	百	十	元	角	分	
结转本年利润	本年利润			7	8	9	1	4	2	0	0									√
		利润分配											7	8	9	1	4	2	0	0	√
合　计				7	8	9	1	4	2	0	0		7	8	9	1	4	2	0	0	

会计主管：×××　　记账：×××　　审核：×××　　出纳：×××　　制单：×××

附件×张

转账凭证

2013 年 12 月 31 日

总号：第 29 $\frac{2}{2}$ 号

分号：转字第 19 号

摘要	总账科目	明细科目	借方金额								贷方金额								记账符号
			十	万	千	百	十	元	角	分	十	万	千	百	十	元	角	分	
提取法定盈余公积	利润分配	提取法定盈余公积		7	8	9	1	4	2	0									√
		盈余公积										7	8	9	1	4	2	0	√
合　计			¥	7	8	9	1	4	2	0	¥	7	8	9	1	4	2	0	

附件 × 张

会计主管：××× 　记账：××× 　审核：××× 　出纳：××× 　制单：×××

转账凭证

2013 年 12 月 31 日

总号：第 30 号

分号：转字第 20 号

摘要	总账科目	明细科目	借方金额								贷方金额								记账符号
			十	万	千	百	十	元	角	分	十	万	千	百	十	元	角	分	
计提应付股利	利润分配	应付股利	3	1	5	6	5	6	8	0									√
		应付股利									3	1	5	6	5	6	8	0	√
合　计			3	1	5	6	5	6	8	0	3	1	5	6	5	6	8	0	

附件 × 张

会计主管：××× 　记账：××× 　审核：××× 　出纳：××× 　制单：×××

转账凭证

2013 年 12 月 31 日

总号：第 31 号

分号：转字第 21 号

摘要	总账科目	明细科目	借方金额								贷方金额								记账符号
			十	万	千	百	十	元	角	分	十	万	千	百	十	元	角	分	
结转未分配利润	利润分配	未分配利润	3	9	4	5	7	1	0	0									√
	利润分配	提取法定盈余公积										7	8	9	1	4	2	0	√
	利润分配	应付股利									3	1	5	6	5	6	8	0	√
合　计			3	9	4	5	7	1	0	0	3	9	4	5	7	1	0	0	

附件 × 张

会计主管：××× 　记账：××× 　审核：××× 　出纳：××× 　制单：×××

（三）根据所给资料开设现金日记账、银行存款日记账并进行业务登记：

库存现金日记账

2013年		凭证号数	摘 要	对方科目	收入							支出							结存						
月	日				万	千	百	十	元	角	分	万	千	百	十	元	角	分	万	千	百	十	元	角	分
12	1		期初余额																	3	0	0	0	0	0
	11	现付1	付电话费	管理费用										6	5	0	0	0		2	3	5	0	0	0
	17	银付5	提现	银行存款	3	9	0	0	0	0	0								4	1	3	5	0	0	0
	17	现付2	发工资	应付职工薪酬								3	9	0	0	0	0	0		2	3	5	0	0	0
	19	现收1	销货	营业税金及附加		2	3	4	0	0	0									4	6	9	0	0	0
	19	现付3	现金送存	银行存款									2	3	4	0	0	0		2	3	5	0	0	0
	31		本月合计		4	1	3	4	0	0	0	4	1	9	9	0	0	0		2	3	5	0	0	0

银行存款日记账

2013 年		凭证号数	摘 要	对方科目	借 方	贷 方	余 额
月	日						
12	1		期初余额	银行存款			139500.00
	1	银收1	收到投资	实收资本	700000.00		839500.00
	2	银付1	购料	在途物资		573300.00	266200.00
	3	银付2	付运费	在途物资		8000.00	258200.00
	6	银收2	取得借款	短期借款	60000.00		318200.00
	9	银付3	还欠款	应付账款		60000.00	258200.00
	10	银付4	付水电费	制造费用 管理费用		10000.00	248200.00
	13	银收3	收回欠款	应收账款	1638000.00		1886200.00
	17	银付5	提现	库存现金		39000.00	1847200.00
	19	现付3	现金送存	库存现金	2340.00		1849540.00
	31	银付6	支付利息	财务费用		1500.00	1848040.00
	31		销货	主营业务收入 应交税费	351000.00		2199040.00
	31		付广告费	销售费用		3 840.00	2195200.00
	31		本月合计		2751340.00	695640.00	2195200.00

（四）根据记账凭证及业务内容登记明细分类账（此处只登记"原材料"和"应收账款"明细账）：

应收账款明细账

会计科目：应收账款——大华公司

2013 年		凭证号		摘 要	借方	贷方	借或贷	余额
月	日							
12	1			期初余额			借	1000.00
	7	转	2	销货	1638000.00		借	1639000.00
	13	银收	3	销货		1638000.00	借	1000.00
	31			本月合计	1638000.00	1638000.00	借	1000.00

应收账款明细账

会计科目：应收账款——文圣公司

2013年		凭证号		摘要	借方	贷方	借或贷	余额
月	日							
12	1			期初余额			借	87000.00
	15	转	4	销货	926640.00		借	1013640.00
	31			本月合计	926640.00		借	1013640.00

原材料明细账

材料名称：C材料　　　　　　　　　材料编号：0001　　　　　　　　材料规格：TTY
存放地点：2号仓库　　　　　　　　　　　　　　　　　　　　　　　计量单位：件

2013年		凭证号	摘　要	收　入			发　出			结　存		
月	日			数量	单价	金额	数量	单价	金额	数量	单价	金额
12	1		期初余额							2000	100.00	200000
	4	转1	材料入库	3000	91.60	274800				5000	94.96	474800
	8	转3	领料				1400	94	131600	3600	95.33	343200
	16	转5	材料入库	6000	100.00	600000				9600	98.25	943200
	31		本月合计	9000		874800	1400		131600	9600	98.25	943200

原材料明细账

材料名称：D材料　　　　　　　　　材料编号：0002　　　　　　　　材料规格：TTY
存放地点：2号仓库　　　　　　　　　　　　　　　　　　　　　　　计量单位：件

2013年		凭证号	摘　要	收　入			发　出			结　存		
月	日			数量	单价	金额	数量	单价	金额	数量	单价	金额
12	1		期初余额							3000	120.00	360000
	4	转4	材料入库	2000	111.60	223200				5000	116.64	583200
	8	转3	领料				900	116.00	104400	4100	116.78	478800
	16	转5	材料入库	3000	91.00	273000				7100	105.89	751800
	18	转7	领料				1000	106.63	106630	6100	105.76	645170
	31		本月合计	5000		496200	1900		211030	6100	105.76	645170

（五）根据所给资料开设各总分类账户并进行业务登记总账：

总　账

会计科目：库存现金

2013年		凭证号		摘要	借方	贷方	核对号	借或贷	余额
月	日								
12	1			期初余额				借	3000.00
	11	现付	1	付水电费		650.00		借	2350.00
	17	银付	5	提款	39000.00			借	41350.00
	17	现付	2	发工资		39000.00		借	2350.00
	19	现收	1	销货入账	2340.00			借	4690.00
	19	现付	3	存款		2340.00		借	2350.00
	31			本月合计	41340.00	41990.00		借	2350.00

总 账

会计科目：银行存款

2013年		凭证号		摘要	借方	贷方	核对号	借或贷	余额
月	日								
12	1			期初余额					139500.00
	1	银收	1	收到投资	700000.00			借	839500.00
	2	银付	1	销货		573300.00		借	266200.00
	3	银付	2	付运费		8000.00		借	258200.00
	6	银收	2	借款	60000.00			借	318200.00
	9	银付	3	还欠款		60000.00		借	258200.00
	10	银付	4	付水电费		10000.00		借	248200.00
	13	银收	3	销货	1638000.00			借	188200.00
	17	银付	5	提款		39000.00		借	1847200.00
	19	现付	2	存款	2340.00			借	1849540.00
	31	银付	6	支付利息		1500.00		借	1848040.00
	31	银收	4	销货	351000.00			借	2199040.00
	31	银付	7	付广告费		3840.00		借	2195200.00
	31			本月合计	2751340.00	695640.00		借	2195200.00

总 账

会计科目：应收账款

2013年		凭证号		摘要	借方	贷方	核对号	借或贷	余额
月	日								
12	1			期初余额				借	88000.00
	7	转	2	贷款未到	1638000.00			借	1726000.00
	13	银收	3	货款入账		1638000.00		借	88000.00
	15	转	4	货款未到	926640.00			借	1014640.00
	31			本月合计	2564640.00	1638000.00		借	1014640.00

总 账

会计科目：在途物资

2013年		凭证号		摘要	借方	贷方	核对号	借或贷	余额
月	日								
12	2	银付	1	购料未到	490000.00			借	490000.00
	3	银付	2	付运费	8000.00			借	498000.00
	4	转	1	材料入库		498000.00		平	0
	16	转	5	购料	873000.00			借	873000.00
	16	转	6	材料入库		873000.00		平	0
	31			本月合计	1371000.00	1371000.00		平	0

总 账

会计科目：原材料

2013 年		凭证号		摘要	借方	贷方	核对号	借或贷	余额
月	日								
12	1			期初余额				借	560000.00
	4	转	1	材料入库	498000.00			借	1058000.00
	8	转	3	领料		236000.00		借	822000.00
	16	转	6	材料入库	873000.00			借	1695000.00
	18	转	7	领料		106630.00		借	1588370.00
	31			本月合计	1371000.00	342630.00		借	1588370.00

总 账

会计科目：库存商品

2013 年		凭证号		摘要	借方	贷方	核对号	借或贷	余额
月	日								
12	1			期初余额				借	350000.00
	31	转	11	产品入库——乙	149252.00			借	499252.00
	31	转	13	结转销售成本		1395825.00		借	
	31			本月合计	149252.00	1395825.00		借	499252.00

总 账

会计科目：固定资产

2013 年		凭证号		摘要	借方	贷方	核对号	借或贷	余额
月	日								
12	1			期初余额				借	890900.00

总 账

会计科目：累计折旧

2013 年		凭证号		摘要	借方	贷方	核对号	借或贷	余额
月	日								
12	1			期初余额				贷	25460.00
	31	转	9	计提折旧		20000.00		贷	45460.00
	31			本月合计		20000.00		贷	45460.00

总 账

会计科目：短期借款

2013 年		凭证号		摘要	借方	贷方	核对号	借或贷	余额
月	日								
12	1			期初余额				贷	180000.00
	6	银收	2	借款		60000.00		贷	240000.00
	31			本月合计		60000.00		贷	240000.00

总　账

会计科目：应付账款

2013 年		凭证号		摘要	借方	贷方	核对号	借或贷	余额
月	日								
12	1			期初余额				贷	60000.00
	9	银付	3	还货款	60000.00			平	0
	16	转	5	购料		1021410.00		贷	1021410.00
	31			本月合计	60000.00	1021410.00		贷	1021410.00

总　账

会计科目：预付账款

2013 年		凭证号		摘要	借方	贷方	核对号	借或贷	余额
月	日								
12	1			期初余额				借	24000.00

总　账

会计科目：应付职工薪酬

2013 年		凭证号		摘要	借方	贷方	核对号	借或贷	余额
月	日								
12	17	现付	2	应付职工薪酬	39000.00			借	39000.00
	31	转	8	分配工资		39000.00		平	0
	31			本月合计	39000.00	39000.00		平	0

总　账

会计科目：应交税费

2013 年		凭证号		摘要	借方	贷方	核对号	借或贷	余额
月	日								
12	1			期初余额				贷	6300.00
	2	银付	1	购料	83300.00			借	77000.00
	7	转	2	销货		238000.00		贷	161000.00
	15	转	4	销货		134640.00		贷	295640.00
	16	转	5	购料	148410.00			贷	147230.00
	19	现收	1	销货		340.00		贷	147570.00
	31	银收	4	销货		51000.00		贷	198570.00
	31	转	12	计提城建税		10200.00		贷	208770.00
	31	转	16	计提所得税		263047.40		贷	471817.40
	31			本月合计	231710.00	697227.40		贷	471817.40

总　账

会计科目：应付股利

2013 年		凭证号		摘要	借方	贷方	核对号	借或贷	余额
月	日								
12	31	转	20	计提应付股利		315656.80		贷	315656.80
	31			本月合计		315656.80		贷	315656.80

总 账

会计科目：其他应付款

2013年		凭证号		摘要	借方	贷方	核对号	借或贷	余额
月	日								
12	1			期初余额				贷	800.00

总 账

会计科目：实收资本

2013年		凭证号		摘要	借方	贷方	核对号	借或贷	余额
月	日								
12	1			期初余额				贷	1000000.00
	1	银收	1	收到资本		700000.00		贷	1700000.00
	31			本月合计		700000.00		贷	1700000.00

总 账

会计科目：盈余公积

2013年		凭证号		摘要	借方	贷方	核对号	借或贷	余额
月	日								
12	1			期初余额				贷	153700.00
	31	转	19	提取法定盈余公积		78914.20		贷	232614.20
	31			本月合计		78914.20		贷	232614.20

总 账

会计科目：本年利润

2013年		凭证号		摘要	借方	贷方	核对号	借或贷	余额
月	日								
12	31	转	14	结转损益		2494000.00		贷	2494000.00
	31	转	15	结转损益	1441810.60			贷	1052189.40
	31	转	17	结转所得税	263047.40			贷	789142.00
	31	转	18	结转本年利润	789142.00			平	0
	31			本月合计	2494000.00	2494000.00		平	0

总 账

会计科目：利润分配

2013年		凭证号		摘要	借方	贷方	核对号	借或贷	余额
月	日								
12	31	转	18	结转本年利润		789142.00		贷	789142.00
	31	转	19	提取盈余公积	78914.20			贷	710227.80
	31	转	20	计提应付股利	315656.80			贷	394571.00
	31	转	21	结转未分配利润	394571.00			贷	789142.00
	31	转	21	结转提取盈余公积		78914.20		贷	710227.80
	31	转	21	结转计提应付股利		315656.80		贷	394571.00
	31			本月合计	789142.00	1183713.00		贷	394571.00

总　账

会计科目：生产成本

2013 年		凭证号		摘要	借方	贷方	核对号	借或贷	余额
月	日								
12	8	转	3	领用材料	236000.00			借	236000.00
	18	转	7	领料		85304.00		借	150696.00
	31	转	8	分配工资	20000.00			借	170696.00
	31	转	10	分配制造费	40530.00			借	211226.00
	31	转	11	产品入库		149252.00		借	61974.00
	31			本月合计	296530.00	234554.00		借	61974.00

总　账

会计科目：制造费用

2013 年		凭证号		摘要	借方	贷方	核对号	借或贷	余额
月	日								
12	10	银付	4	付水电费	8000.00			借	8000.00
	18	转	7	领料	8530.40			借	16530.40
	31	转	8	分配工资	10000.00			借	26530.40
	31	转	9	计提折旧	14000.00			借	40530.40
	31	转	10	分配制造费用		40530.40		平	0.00
	31			本月合计	40530.40	40530.40		平	0.00

总　账

会计科目：主营业务收入

2013 年		凭证号		摘要	借方	贷方	核对号	借或贷	余额
月	日								
12	7	转	2	销货			1400000.00	贷	1400000.00
	15	转	4	销货		792000.00		贷	2192000.00
	19	转	4	销货		2000.00		贷	2194000.00
	31	银收	4	销货		300000.00		贷	2494000.00
	31	转	14	结转损益	2494000.00			平	0
	31			本月合计	2494000.00	2494000.00		平	0

总　账

会计科目：主营业务成本

2013 年		凭证号		摘要	借方	贷方	核对号	借或贷	余额
月	日								
12	31	转	13	结转销售成本	1395825.00			借	1395825.00
	31	转	15	结转损益		1395825.00		平	0
	31			本月合计	1395825.00	1395825.00		平	0

总　账

会计科目：营业税金及附加

2013 年		凭证号	摘要	借方	贷方	核对号	借或贷	余额
月	日							
12	31		结转城建税	10200.00			借	10200.00
	31		结转损益		10200.00		平	0
	31		本月合计	10200.00	10200.00		平	0

总　账

会计科目：销售费用

2013 年		凭证号	摘要	借方	贷方	核对号	借或贷	余额
月	日							
12	31		付广告费	3840.00			借	3840.00
	31		结转损益		3840.00		平	0
	31		本月合计	3840.00	3840.00		平	0

总　账

会计科目：管理费用

2013 年		凭证号	摘要	借方	贷方	核对号	借或贷	余额
月	日							
12	10		付水电费	2000.00			借	2000.00
	11		付电话费	650.00			借	2650.00
	18		领料	12795.60			借	15445.60
	31		分配工资	9000.00			借	24445.60
	31		计提折旧	6000.00			借	30445.60
	31		结转损益		30445.60		平	0.00
	31		本月合计	30445.60	30445.60		平	0.00

总　账

会计科目：财务费用

2013 年		凭证号	摘要	借方	贷方	核对号	借或贷	余额
月	日							
12	31		支付利息	1500.00			借	1500.00
	31		结转损益		1500.00		平	0.00
	31		本月合计	1500.00	1500.00		平	0.00

总　账

会计科目：所得税费用

2013 年		凭证号	摘要	借方	贷方	核对号	借或贷	余额
月	日							
12	31		计提所得税	263047.40			借	263047.40
	31		结转所得税		263047.40		贷	263047.40
	31		本月合计	263047.40	263047.40		平	0.00

【演练要求及步骤】

演练要求：

（1）通过演练，要求学生能掌握错账更正的方法和程序。

（2）掌握会计凭证的编制和账簿的填写。

（3）掌握试算平衡表的编制。

一、错账更正训练

资料一：某企业在月末结账前，经对账发现错误。

要求：按规定的更正方法进行更正。

（1）摊销无形资产价值，应摊销金额 89000 元，记账凭证误编如下，并已登账。

借：管理费用　　　　　　　　　98000

　　贷：无形资产　　　　　　　　　　98000

更正：

（2）结转完工入库产品成本，价值为 150000 元，记账凭证误编如下，并已登账。

借：库存商品　　　　　　　　　150000

　　贷：制造费用　　　　　　　　　　150000

更正：

（3）生产车间生产产品领用原材料，价值 86000 元，记账凭证误编如下，并已登账。

借：生产成本　　　　　　　　　68000

　　贷：原材料　　　　　　　　　　68000

更正：

（4）支付本月产品广告费 89000 元，记账凭证误编如下，并已登账。

借：销售费用　　　　　　　　　　98000

　　贷：银行存款　　　　　　　　　　98000

更正：

（5）以银行存款 10000 元偿还应付购货款，记账凭证误编如下，并已登账。

借：应收账款　　　　　　　　　　10000

　　贷：银行存款　　　　　　　　　　10000

更正：

（6）以银行存款支付前欠供货方的货款 78000 元。原记账凭证中的会计分录为：

借：应付账款　　　　　　　　　　78000

　　贷：银行存款　　　　　　　　　　78000

但账簿记录中误记为 87000 元。

更正：

资料二：某企业 2011 年 3 月 20 日购买一批材料，价款 100000 元，尚未付款。会计人员在登记账簿时发生错误。

要求：请针对不同的错误，分别指出应采用的更正方法，并为该会计人员进行更正。

（1）在记账凭证中，会计人员误将"原材料"科目写成"库存商品"科目。

更正：

（2）在记账凭证中，会计人员误将金额写为 1000000 元。

更正：

（3）在记账凭证中，会计人员误将金额写为 10000 元。

更正：

（4）记账凭证没有错误，会计人员在登记入账时误记为 10000 元。

更正：

二、会计凭证与账簿训练

资料一：五三企业 2013 年 3 月 31 日有关账簿的累计发生额和余额资料如下：

（1）现金日记账和银行存款日记账如下：

现金日记账

2013 年		凭证号数	摘要	对方科目	借方	贷方	余额
月	日						
3	31		本月累计		15000.00	10000.00	5000.00

银行存款日记账

2013年		凭证号数	摘要	结算凭证		对方科目	借方	贷方	余额
月	日			种类	号数				
3	31		本月累计				280 000.00	120 000.00	160 000.00

（2）"原材料"账户期初余额为180000元。其中：A材料3000千克，单价50元/千克，计150000元；B材料1000千克，单价30元/千克，计30000元。

五三企业2013年4月1~30日发生下列业务：

（1）1日，企业取得借款50000元，存入银行，期限3个月。

（2）4日，企业取得转账支票存根和增值税专用发票。发票内容：购进A材料5000千克，单价55元/千克；B材料1000千克，每千克32元。增值税税率为17%。

（3）7日，企业从银行提取现金5000元。

（4）11日，企业取得普通发票一张。业务内容：以现金550元购入办公用品直接交付使用。

（5）20日，企业取得进账单和增值税专业发票（发票联）。业务内容：销售一批产品收入80000元，增值税税率为17%。

（6）30日，企业取得普通发票（记账联）。业务内容：销售废旧材料一批收入现金5500元。

（7）30日，将现金5500元存入银行。

（8）30日，张富出差向财会部门借入现金1500元。

（9）30日，企业以银行存款100000元归还到期的银行短期借款。

（10）30日，会计部门取得工资结算单，以现金发放工资35000元。

（11）30日，仓库发出A材料1500千克，其中，车间一般消耗500千克、厂部一般耗用1000千克。

（12）30日，仓库发出B材料2000千克，其中，车间一般耗用1200千克、行政管理部门一般耗用 800 千克。

（13）30 日，计提本月固定资产折旧 4000 元，其中：车间固定资产折旧 2200 元，行政管理部门固定资产折旧 1800 元。

（14）30 日，分配本月车间管理人员工资 11300 元，行政管理部门人员工资 23700 元。

（15）30 日，按 14%的比例计提车间管理人员和行政管理部门人员的职工福利费。

（16）30 日，按生产工时（甲产品生产工时 5000 小时、乙产品生产工时 1200 小时）的比例分配结转本月制造费用。

（17）结转期间费用至本年利润账户。

具体要求与步骤：

（1）根据资料填制记账凭证（可以以会计分录代替）。

（2）登记现金日记账和银行存款日记账并结出每日发生额、余额及本月发生额和余额。

（3）登记"原材料——A 材料"、"原材料——B 材料"明细账户，并结出本月发生额和余额，进行账账核对。

（4）登记"制造费用"和"管理费用"明细账户，并结出本期发生额及期末余额。

解析：

现金日记账

2013 年		凭证号数	摘要	对方科目	借方	贷方	余额
月	日						
3	31		本月累计		15000.00	10000.00	5000.00

银行存款日记账

2013年		凭证号数	摘要	结算凭证		对方科目	借方	贷方	余额
月	日			种类	号数				
3	31		本月累计				280000.00	120000.00	160000.00

制造费用明细分类账

年		凭证号数	摘要	借方					合计	贷方	余额
月	日										

管理费用明细分类账

年		凭证号数	摘要	借方					合计	贷方	余额
月	日										

资料二：江西忠强公司为增值税一般纳税人，增值税税率17%，2013年6月30日有关总分类账户和明细分类账户余额如下：

（1）"原材料"账户借方余额400000元。其中，"原材料——甲材料"账户1600千克，单价150元，借方余额240000元。"原材料——乙材料"账户400千克，单价100元，借方余额40000元。"原材料——丙材料"账户1000千克，单价120元，借方余额120000元。

（2）"应付账款"账户贷方余额 100000 元。其中，"应付账款——A 公司"账户贷方余额 60000 元。"应付账款——B 公司"账户贷方余额 40000 元。

该公司 2013 年 7 月发生部分经济业务如下：

（1）以银行存款偿还 A 公司前欠货款 30000 元。

（2）购进甲材料 200 千克，单价 150 元/千克，税价合计 3510 元，以银行存款支付，材料入库。

（3）生产车间向仓库领用材料一批，甲材料 400 千克，单价 150 元/千克；乙材料 200 千克，单价 100 元/千克；丙材料 500 千克，单价 120 元/千克，共计领料 140000 元。

（4）以银行存款偿还 B 公司前欠货款 20000 元。

（5）向 A 公司购入乙材料 200 千克，单价 100 元/千克，材料入库，货款 23400 元（增值税税率为 17%），以银行存款支付。

（该公司材料采用实际成本法核算。）

具体要求与步骤：

（1）编制相应的会计分录。

（2）登记原材料总账和甲、乙材料明细账。

（3）登记应付账款总账和明细账。

总分类账和明细账空白账页如下：

总分类账户

会计科目：原材料

2013年		凭证		摘要	借方	贷方	核对号	借或贷	余额
月	日	号	数						

原材料明细账

会计科目：甲材料

2013年		凭证号	摘要	借方			贷方			核对号	余额		
月	日			数量	单价	金额	数量	单价	金额		数量	单价	金额

原材料明细账

会计科目：乙材料

2013年		凭证号	摘要	借方			贷方			核对号	余额		
月	日			数量	单价	金额	数量	单价	金额		数量	单价	金额

总分类账户

会计科目：应付账款

2013年		凭证编号	摘要	借方	贷方	借或贷	余额
月	日						

应付账款明细分类账户

会计科目：A公司

2013年		凭证编号	摘要	借方	贷方	借或贷	余额
月	日						

应付账款明细分类账户

会计科目：B公司

2013年		凭证编号	摘要	借方	贷方	借或贷	余额
月	日						

三、试算平衡训练

资料：华天公司2013年8月31日结账前的余额试算表如下，由于存在若干错误，故该表借贷不平衡。

华天公司结账前余额试算表

2013年8月31日　　　　　　　　　　单位：元

账户名称	借方余额	贷方余额
库存现金	500	
银行存款	10460	
应收账款	3870	
库存商品	5970	
原材料	3206	
固定资产	11370	
短期借款		12000
应付账款		7374
实收资本		20000
主营业务收入		8430
主营业务成本	4000	
销售费用	2210	
管理费用	3910	
合　计	45496	47804

经核对日记账及分类账发现以下错误：

（1）用银行存款支付电话费214元，误记为124元。

（2）赊销商品一批，计1334元，过账时误记入应收账款账户贷方。

（3）从银行存款户中支付短期借款利息100元，误作为归还短期借款1000元。

（4）用银行存款支付本月电费157元，过账时管理费用账户借记517元。

（5）购入办公用的复印机一台，价值3400元，误作为库存商品登记入账。

随后，会计人员对所发现的错账分别进行了更正。

要求：请代华天公司完成下列错账更正之后的试算平衡表的编制。

华天公司结转前余额试算平衡表

2013 年 8 月 31 日   单位：元

账户名称	借方余额	贷方余额
库存现金	(1)	
银行存款	(2)	
应收账款	(3)	
库存商品	(4)	
原材料	(5)	
固定资产	(6)	
短期借款		(7)
应付账款		(8)
实收资本		20000
主营业务收入		8430
主营业务成本	4000	
销售费用	(9)	
管理费用	(10)	
财务费用	(11)	
合　计	(12)	(12)

【考核与评价】

学生操作完毕后，实训指导教师和学生应当及时进行总结。

（1）学生撰写会计账簿模拟实训总结报告（主要总结实训的收获）。

（2）实训指导老师对整个实训作总评。

（3）实训指导老师评定学生实训成绩。

评分标准如下：

（1）错账更正训练。（30 分）

（2）会计凭证与账簿训练。（60 分）

（3）试算平衡表的编制。（10 分）

演练任务四

财产清查

【演练目的】

（1）掌握实物资产清查方法及账务处理方式。

（2）能够编制银行存款余额调节表。

项目任务书

任务名称	财产清查	任务编号	004	时间要求	8课时
要求		1. 掌握银行存款余额调节表的填制 2. 掌握财产清查的程序并根据具体情况会做账务处理			
重点培养的能力	掌握实物资产清查方法及账务处理方式，编制银行存款余额调节表				
涉及知识	财产清查方法及账务处理方式，银行存款余额调节表编制				
教学地点	教室、机房	参考资料			
教学设备	投影设备、投影幕布、能上网的电脑				

训练内容

1. 银行存款余额调节表的训练
2. 财产清查结果的账务处理

训练要求

要求学生掌握银行存款余额表内各项目的含义，能正确填写
要求学生掌握财产清查的方法并能根据实际情况进行正确的账务处理

成果要求及评价标准

1. 银行存款余额调节表的训练（50分）
2. 财产清查结果的账务处理（50分）

任务产出一	成员姓名与分工	成 员	学 号	分 工
		组长		
		成员1		
		成员2		

续表

任务产出一	成员姓名与分工	成员	学号	分工
		成员3		
		成员4		
		成员5		
		成员6		

任务产出二	1. 将银行存款日记账与银行对账单进行逐笔核对，找出未达账项（25分） 2. 编制银行存款余额调节表（25分） 3. 根据所给资料，编制存货和固定资产清查结果审批前后的会计分录（25分） 4. 根据财产清查情况，写出相应的会计分录（25分）

项目组评价		总分	
教师评价			

【演练内容】

（1）银行存款余额调节表的训练。

（2）财产清查结果的账务处理。

【备品准备】

计算器、备用纸、笔。

【演练资料】

银行存款余额调节表

编制单位：　　　　　　　　　　　年　月　日　　　　　　　　　　单位：元

项　目	金　额	项　目	金　额
企业银行存款日记账余额		银行对账单余额	
加：银行已收企业未收的款项合计		加：企业已收银行未收的款项合计	
减：银行已付企业未付的款项合计		减：企业已付银行未付的款项合计	
调节后余额		调节后余额	

【案例引导】

【范例1】 未达账项的识别

已知某企业 2013 年 11 月 30 日银行存款日记账的余额为 9000 元，银行对账单的余额为 10000 元，假设双方记账均无误，核对银行对账单所列各项收支活动并与企业银行存款日记账比较，发现下列事项：

（1）11月29日，企业开出转账支票一张1000元，支付某单位货款。企业已经根据支票存根、发票及收料单位等凭证登记银行存款减少，银行尚未接到支付款项的凭证，尚未登记减少。

（2）11月30日，银行代企业支付电费500元，银行已经登记减少，企业尚未接到付款结算凭证，未登记减少。

（3）11月30日，企业存入一张银行汇票2500元，已经登记银行存款增加，银行尚未登记增加。

（4）11月30日，银行收到购货单位汇来的货款3000元，银行已经登记增加，企业未接到收款凭证，尚未登记增加。

解析：

可以看到2013年11月30日企业银行存款日记账余额和银行对账单余额不一致。因为双方记账均无误，所以不一致的原因只有一个，即存在未达账项。

事项（1）属于企业已付款入账，而银行尚未付款入账。由于企业已实际支付了1000元货款且企业银行存款日记账余额中已将此款扣除，所以只需要从银行对账单余额中扣除1000元，即可将此项未达账项调整过来。

事项（2）属于银行已付款入账，而企业尚未付款入账。由于企业已实际支付电费500元且银行对账单余额中已将此款扣除，所以只需要从企业银行存款日记账余额中扣除500元，即可将此项未达账项调整过来。

事项（3）属于企业已收款入账，而银行尚未收款入账。由于企业已实际收到款项2500元且企业银行存款日记账余额中已将此款加入，所以只需要在银行对账单余额中加上2500元，即可将此项未达账项调整过来。

事项（4）属于银行已收款入账，而企业尚未收款入账。由于企业已实际收到款项3000元且银行对账单余额中已将此款加入，所以只需要在企业银行存款日记账余额中加上3000元，即可将此项未达账项调整过来。

【范例2】银行存款余额调节表

资料：某企业 2013 年 6 月 30 日银行存款日记账的余额为 135400 元，银行转来的对账单余额为 145200 元。经逐笔核对，发现以下未达账项：

（1）6 月 28 日，企业委托银行代收款项 10000 元，银行已经收妥入账，企业尚未接到银行的收款通知，尚未记账。

（2）6 月 29 日，企业开出支票 1800 元，持票人尚未到银行办理转账，银行尚未登记入账。

（3）6 月 29 日，银行代垫电话费 2200 元，企业尚未接到银行付款通知，尚未记账。

（4）6 月 30 日，企业送存支票 6600 元，银行尚未记入企业存款户。

（5）6 月 30 日，银行为企业收回一笔货款 6800 元，但有关收款通知单尚未送抵企业。

要求：根据上述资料编制该企业"银行存款余额调节表"。

解析：

银行存款余额调节表

编制单位：某企业　　　　　　　2013 年 6 月 30 日　　　　　　　单位：元

项　目	金　额	项　　目	金　额
银行存款日记账余额	135400	银行对账单余额	145200
加：银行已收、企业未收款	10000	加：企业已收、银行未收款	6600
	6800		
减：银行已付、企业未付款	2200	减：企业已付、银行未付款	1800
调节后的余额	150000	调节后的余额	150000

【范例3】清查结果的处理

（1）某企业某月份在现金清查中，发现长款 150 元。

借：库存现金　　　　　　　　　　　　　　　　150

　　贷：待处理财产损溢——待处理流动资产损溢　　150

经反复核查，未查明原因，报经批准后作营业外收入处理。无法查明原因的现金长款应记入"营业外收入"账户。

借：待处理财产损溢——待处理流动资产损溢　　150

贷：营业外收入　　150

（2）某企业某月份在现金清查中，发现短款 80 元。

借：待处理财产损溢——待处理流动资产损溢　　80

贷：库存现金　　80

经核实，此笔短款属于出纳员的责任，应由出纳员赔偿。出纳员赔偿部分应记入"其他应收款"账户：

借：其他应收款——××　　80

贷：待处理财产损溢——待处理流动资产损溢　　80

（3）某企业在财产清查中，盘盈原材料 6 吨，价值 18000 元。报经批准前，根据实存账存对比表的记录，编制会计记录：

借：原材料　　18000

贷：待处理财产损溢　　2000

经查明，这项盘盈材料因计量仪器不准造成生产领用少付多算，所以，经批准冲减本月管理费用，编制会计分录如下：

借：待处理财产损溢　　18000

贷：管理费用　　18000

（4）在财产清查中，发现购进的甲材料实际库存较账面库存短缺 1500 元。

报经批准前，先调整账面余额，编制会计分录如下：

借：待处理财产损溢　　1500

贷：原材料——甲材料　　1500

报经批准，如属于定额内的自然损耗，则应作为管理费用，计入本期损益，编制会计分如下：

借：管理费用　　1500

   贷：待处理财产损溢   1500

如果属于管理人员过失造成则应由过失人赔偿，编制会计分录如下：

  借：其他应收款——××   1500

   贷：待处理财产损溢   1500

如果属于非常灾害造成的损失经批准后列作营业外支出，编制会计分录如下：

  借：营业外支出   1500

   贷：待处理财产损溢   1500

（5）某企业在财产清查中，盘盈一台设备，估计重置价值6000元，已提折旧4000元。

  在审批之前，编制会计分录如下：

  借：固定资产   6000

   贷：待处理财产损溢   2000

     累计折旧   4000

经领导批示，该机器作为企业增加的营业外收入处理，编制会计分录如下：

  借：待处理财产损溢   2000

   贷：营业外收入   2000

（6）在财产清查中，查明确实无法收回的账款30000元，经批准作为坏账损失。

  坏账损失是指无法收回的应收账款而使企业遭受的损失。按制度规定，在会计核算中对坏账损失的处理采用备抵法，即按一定比例提取"坏账准备"计入当期管理费用。因此，对于这笔确属无法收回的应收账款，应按照规定的手续审批后，以批准的文件为原始凭证，作坏账损失处理，冲减"坏账准备"账户。"坏账准备"是资产类的账户，是"应收账款"的抵减账户，用来核算坏账准备的提取和转销情况，贷方登记提取数，借方登记冲销数，余额在贷方表示已经提取尚未冲销的坏账，编制会计分录如下：

借：坏账准备   30000

    贷：应收账款（或其他应收款）   30000

（7）某企业在财产清查过程中，发现盘亏设备一台，其原价为 10000 元，已提折旧 1500 元。经确认保险公司应赔偿 800 元。

盘亏设备的原价 10000 元与已提折旧 1500 元的差额 8500 元应为企业的净损失，保险公司的赔偿可弥补 800 元，所以计入"营业外支出"的净损失应为 7700 元。

批准前：

借：待处理财产损溢——待处理固定资产损溢   8500

    累计折旧   1500

    贷：固定资产   10000

批准后：

借：其他应收款——××保险公司   800

    营业外支出   7700

    贷：待处理财产损溢——待处理固定资产损溢   8500

【范例 4】银行存款余额调节表

华天公司 2013 年 9 月 20~30 日的银行存款日记账记录的经济业务如下：

（1）20 日，收到销货款转账支票 6500 元。

（2）21 日，开出支票 #0130，用以支付购入材料的货款 12000 元。

（3）23 日，开出支票 #0131，支付购入材料的运杂费 2500 元。

（4）26 日，收到销货款转账支票 3200 元。

（5）28 日，开出支票 #0132，支付公司日常办公费用 4800 元。

（6）30 日，开出支票 #0133，用以支付下半年的房租 24000 元。

（7）30 日，银行存款日记账的账面余额为 168000 元。

银行对账单所列华天公司 9 月 20~30 日的经济业务如下：

（1）20 日，结算华天公司的银行存款利息 1523 元。

（2）22 日，收到销售款转账支票 6500 元。

（3）23 日，收到华天公司开出的支票 #0130，金额为 12000 元。

（4）25 日，银行为华天公司代付水电费 2900 元。

（5）26 日，收到华天公司开出的支票 #0131，金额为 2500 元。

（6）29 日，为华天公司代收外地购货方汇来的货款 10600 元。

（7）30 日，银行对账单的存款余额数为 202823 元。

要求：根据上述资料，代华天公司完成以下银行存款余额调节表的编制。

解析：

银行存款余额调节表

编制单位：华天公司　　　　　　　2013 年 9 月 30 日　　　　　　　单位：元

项　目	金　额	项　目	金　额
企业银行存款日记账余额	（1）168000	银行对账单余额	（5）202823
加：银行已收企业未收的款项合计	（2）12123	加：企业已收银行未收的款项合计	（6）3200
减：银行已付企业未付的款项合计	（3）2900	减：企业已付银行未付的款项合计	（7）28800
调节后余额	（4）177223	调节后余额	（8）177223

【演练要求及步骤】

演练要求：

（1）通过演练，要求学生能掌握银行存款余额调节表的填制。

（2）掌握财产清查的程序并根据具体情况做账务处理。

一、银行存款余额调节表的训练

资料一：天和有限公司 2013 年 6 月银行存款日记账记录和 6 月银行对账单如下：

（1）天和公司银行存款日记账的账面记录：

银行存款日记账

第　页

年		凭证		摘要	对方科目	结算凭证		借方	贷方	余额
月	日	字	号			种类	号数			
				以上记录略						415000
6	21	银付		支付差旅费	其他应收款	现支	10785		1000	414000
	22	银付		提现发薪	库存现金	现支	10786		45000	369000
	24	银付		办公用品费	管理费用	转支	45761		320	368680
	26	银收		存销货款	主营业务收入	进账单	7852	11700		380380
	30	银付		邮电费	管理费用	转支	45726		250	380130
	30	银收		存款利息	财务费用	结息单	38976	417		380547
	30	银收		存押金	其他应付款	进账单	7853	3600		384147

（2）银行对账单的记录：

中国工商银行无锡市分行营业部对账单
2013 年 6 月 30 日

年		对方科目代号	摘要	凭证号		借方	贷方	余额
月	日			现金支票	结算凭证			
			以上记录略					415000
6	21	10	现金支票	10785		1000		414000
	22	10	现金支票	10786		45000		369000
	25	65	转账支票		45761	320		368680
	26	10	进账单		7852		11700	380380
	30	46	托收承付		47216		10000	390380
	30	251	结息单		38976		417	390797
	30	518	委托收款		36481	20358		370439

要求：对天和有限公司的银行存款日记账记录和银行对账单记录进行逐笔核对，找出未达账项，并编制银行存款余额调节表。

银行存款余额调节表

编制单位：天和公司　　　　　　2013 年 6 月 30 日　　　　　　单位：元

项目	金额	项目	金额
银行存款日记账余额		银行对账单余额	
加：银行已收、企业未收款		加：企业已收、银行未收款	
减：银行已付、企业未付款		减：企业已付、银行未付款	
调节后的余额		调节后的余额	

资料二：华天公司 2013 年 12 月银行存款日记账与银行对账单在 28 日以后的资料如下（假定 28 日以前的记录均正确）：

（1）华天公司银行存款日记账的账面记录：

日期	摘要	金额
29 日	开出转账支票 #0110，支付购料款	23400
30 日	存入购货方转账支票 #232	29250
30 日	开出转账支票 #0111，支付运输费	1800
31 日	存入购货方转账支票 #170	9360
	银行存款日记账期末余额	88769

（2）银行对账单的记录：

日期	摘要	金额
30 日	转账支票 #0110	23400
30 日	代付电费	2490
31 日	存入转账支票 #0232	29250
31 日	存款利息	1650
31 日	收回托收的货款	11700
	银行对账单余额	92069

要求：代华天公司完成下列银行存款余额调节表的编制。

银行存款余额调节表

编制单位：华天公司　　　　　　　2013 年 12 月 31 日　　　　　　　　　单位：元

项目	金额	项目	金额
企业银行存款日记账余额	（1）	银行对账单余额	（5）
加：银行已收企业未收的款项合计	（2）	加：企业已收银行未收的款项合计	（6）
减：银行已付企业未付的款项合计	（3）	减：企业已付银行未付的款项合计	（7）
调节后余额	（4）	调节后余额	（8）

二、财产清查结果的账务处理

资料一：某企业 6 月 30 日对存货和固定资产清查发现有关情况如下：

（1）库存 A 产品账面结存数量 2000 件，单位成本 35 元，金额 70000 元。实存 1985 件，盘亏 15 件，价值 525 元。经查明系保管人员过失所致，经批准责令赔偿。

（2）甲材料账面结存数量 250 千克，每千克 20 元，金额 5000 元，全部毁损，作为废料处理，计价 100 元。经查明由于自然灾害所致，其损失经批准作为非常损失处理。

（3）发现账外机器一台，估计原价8000元，七成新，原因待查，经批准同意转销处理。

（4）乙材料账面结存数量120吨，每吨成本100元，价值12000元，实存118吨，盘亏2吨，价值200元。经查明属于定额内损耗，经批准转销处理。

（5）丙材料账面结存数量300千克，单价10元/千克，价值3000元；实存310千克，盘盈10千克，价值100元。经查明为收发计量差错原因造成，经批准转销处理。

要求：根据以上资料，编制存货和固定资产清查结果审批前后的会计分录。

资料二：中意公司2013年12月31日进行财产清查，发现下列情况，请写出相应的会计分录。

（1）甲材料盘亏12千克，单价30元/千克。经查是材料定额内损耗，批准后转入管理费用。

（2）乙材料毁损150千克，单价20元/千克。经查是暴风雨袭击仓库所致，批准后转入营业外支出。

（3）盘盈电脑一台，重置价值6000元，经鉴定七成新，经批准后将其净值转入营业外收入。

（4）盘亏设备一台，账面原价65000元，已提折旧为1400元。经批准后将其净值转入营业外支出。

（5）丙材料盘盈25千克，单价10元/千克。经查是材料收发过程中计量误差累计所致，批准后冲减管理费用。

（6）公司应付某单位货款2000元，因该单位撤销而无法支付。

（7）公司某职工所欠500元，由于该职工调出公司无法收回，批准后冲减坏账准备金。

资料三：宝来公司财产清查中发现如下问题：

（1）在财产清查过程中盘盈库存现金20000元，其中12000元属于应支付给其他公司的违约金，剩余盘盈金额无法查明原因。

（2）在财产清查中，盘亏设备一台，原值为 80000 元，已提折旧 50000 元。经查明，过失人赔偿 5000 元，已批准进行处理。

（3）现金清查时短款 52 元，属于出纳员的责任，尚未收到赔款。

（4）发现某产品盘盈 200 千克，单位成本为 10 元，共计 2000 元。经查该项盘盈属于收发计量错误造成。

（5）盘亏材料 10000 元，可以收回的保险赔偿和过失人赔款合计 5000 元，剩余的净损失中有 3000 元属于非常损失，2000 元属于自然损耗。

要求：根据上述业务，分别编制相关的会计分录。

【考核与评价】

学生操作完毕后，实训指导教师和学生应当及时进行总结。

（1）学生撰写财产清查模拟实训总结报告（主要总结实训的收获）。

（2）实训指导老师对整个实训作总评。

（3）实训指导老师评定学生实训成绩。

评分标准如下：

（1）银行存款余额调节表的训练。（50 分）

（2）财产清查结果的账务处理。（50 分）

演练任务五

财务报表

【演练目的】

（1）学习资产负债表项目知识，学习和编制资产负债表。

（2）学习利润表项目知识，学习和编制利润表。

【演练内容】

（1）资产负债表的编制。

（2）利润表的编制。

项目任务书

任务名称	财务报表	任务编号	005	时间要求	10 课时
要求	1. 掌握利润表各项目的填制 2. 掌握资产负债表各项目的填制				
重点培养的能力	编制资产负债表和利润表				
涉及知识	资产负债表的种类及编制，利润表的编制				
教学地点	教室、机房	参考资料			
教学设备	投影设备、投影幕布、能上网的电脑				
训练内容					
1. 资产负债表的编制 2. 利润表的编制					
训练要求					
1. 要求学生掌握资产负债表中各项目的填制 2. 要求学生熟练掌握利润表中各项目的填制					

成果要求及评价标准

1. 资产负债表的填制（50分）
2. 利润表的填制（50分）

任务产出一	成员姓名与分工	成 员	学 号	分 工
		组长		
		成员1		
		成员2		
		成员3		
		成员4		
		成员5		
		成员6		

任务产出二	1. 根据各损益类账户的发生额编制利润表（25分） 2. 根据各损益类账户的发生额计算项目表中的利润额（25分） 3. 根据余额试算平衡表及相关款额情况计算资产负债表中各报表项目的期末数（25分） 4. 根据余额试算平衡表及相关款额情况完成资产负债表的编制（25分）

项目组评价		总分	
教师评价			

【备品准备】

练习用标准的资产负债表及利润表的表格。

【演练资料】

（无）

【案例引导】

【范例1】资产负债表的编制举例

资料：华天公司2012年8月31日有关总账和明细账户的余额如下：

账户	借或贷	余额	负债和所有者权益账户	借或贷	余额
现金	借	1500	短期借款	贷	250000
银行存款	借	800000	应付票据	贷	25500
其他货币资金	借	90000	应付账款	贷	71000
交易性金融资产	借	115000	——丙企业	贷	91000
应收票据	借	20000	——丁企业	借	20000
应收账款	借	75000	预收账款	贷	14700
——甲公司	借	80000	——C公司	贷	14700

续表

账户	借或贷	余额	负债和所有者权益账户	借或贷	余额
——乙公司	贷	5000	其他应付款	贷	12000
坏账准备	贷	2000	应交税费	贷	28000
预付账款	借	36100	长期借款	贷	506000
——A公司	借	31000	应付债券	贷	563700
——B公司	借	5100	其中一年内到期的应付债券	贷	23000
其他应收款	借	8500	实收资本	贷	4040000
原材料	借	816600	盈余公积	贷	158100
生产成本	借	265400	利润分配	贷	1900
库存商品	借	193200	——未分配利润	贷	1900
材料成本差异	贷	42200	本年利润	贷	36700
固定资产	借	2888000			
累计折旧	贷	4900			
在建工程	借	447400			
资产合计		5707600	负债及所有者权益合计		5707600

要求：代华天公司完成8月31日资产负债表的编制。

资产负债表（简表）

制表单位：华天公司　　　　　　　2012年8月31日　　　　　　　　单位：元

资产	年初数	年末数	负债及所有者权益	年初数	年末数
流动资产：			流动负债：		
货币资金		(1)	短期借款		250000
交易性金融资产		115000	应付票据		25500
应收票据		20000	应付账款		(9)
应收账款		(2)	预收款项		(10)
预付款项		(3)	应交税费		28000
其他应收款		8500	其他应付款		12000
存货		(4)	一年内到期的非流动负债		23000
流动资产合计		(5)	流动负债合计		(11)
非流动资产：			非流动负债：		
固定资产		(6)	长期借款		506000
在建工程		447400	应付债券		(12)
非流动资产合计		(7)	非流动负债合计		1046700
			负债合计		(13)
			所有者权益：		
			实收资本		4040000
			盈余公积		158100
			未分配利润		(14)
			所有者权益合计		(15)
资产总计		(8)	负债及所有者权益总计		5732600

解析：

资产负债表（简表）

制表单位：华天公司　　　　　　　　　　2012 年 8 月 31 日　　　　　　　　　　单位：元

资产	年初数	年末数	负债及所有者权益	年初数	年末数
流动资产：			流动负债：		
货币资金		(1) 891500	短期借款		250000
交易性金融资产		115000	应付票据		25500
应收票据		20000	应付账款		(9) 91000
应收账款		(2) 78000	预收款项		(10) 19700
预付款项		(3) 56100	应交税费		28000
其他应收款		8500	其他应付款		12000
存货		(4) 1233000	一年内到期的非流动负债		23000
流动资产合计		(5) 2402100	流动负债合计		(11) 449200
非流动资产：			非流动负债：		
固定资产		(6) 2883100	长期借款		506000
在建工程		447400	应付债券		(12) 540700
非流动资产合计		(7) 3330500	非流动负债合计		1046700
			负债合计		(13) 1495900
			所有者权益：		
			实收资本		4040000
			盈余公积		158100
			未分配利润		(14) 38600
			所有者权益合计		(15) 4236700
资产总计		(8) 5732600	负债及所有者权益总计		5732600

【范例 2】 资产负债表编制与账户平衡

资料：已知华天公司 2013 年初总资产比年末总资产少 100000 元，年末流动资产是年末流动负债的 3 倍，且比年初流动资产多 20000 元。2013 年末的资产负债表（简表）如下：

资产负债表（简表）

编制单位：华天公司　　　　　　　　　　2013 年 12 月 31 日　　　　　　　　　　单位：元

资产	年初数	年末数	负债及所有者权益	年初数	年末数
流动资产：			流动负债：		
货币资金	52500	47200	短期借款	20000	50000
应收账款	26500	(1)	应付账款	22500	(9)
其他应收款	1000	1500	应交税费	(10)	6500
存货	(2)	233800	流动负债合计	(11)	122000
流动资产合计	(3)	(4)	非流动负债：		

续表

资产	年初数	年末数	负债及所有者权益	年初数	年末数
非流动资产：			长期借款	180000	200000
固定资产	(5)	(6)	所有者权益：		
			实收资本	300000	300000
			盈余公积	18000	(12)
			所有者权益合计	(13)	(14)
资产总计	(7)	(8)	负债及所有者权益合计	550000	(15)

要求：填写上表括号中的数据。

解析：

根据恒等式资产＝负债＋所有者权益，可得：

年初资产总计（7）=550000（元）

年末资产总额比年初资产总额多100000元，故年末资产总额（8）=年末负债及所有者权益总额（15）= 650000（元）

年末流动资产是年末流动负债的3倍，且比年初流动资产多20000（元），故：

年末流动资产合计额（4）= 122000 × 3 = 366000（元）

年初流动资产合计额（3）= 346000（元）

年初存货额（2）= 346000 − 52500 − 26500 − 1000 = 266000（元）

年末应收账款（1）= 366000 − 233800 − 1500 − 47200 = 83500（元）

年初固定资产额（5）= 550000 − 346000 = 204000（元）

年末固定资产额（6）= 650000 − 366000 = 284000（元）

年末应付账款额（9）= 122000 − 6500 − 50000 = 65500（元）

年末所有者权益合计额（14）= 650000 − 200000 − 122000 = 328000（元）

年末盈余公积（12）= 328000 − 300000 = 28000（元）

年初所有者权益合计额（13）= 300000 + 18000 = 318000（元）

年初流动负债合计额（11）= 550000 − 318000 − 180000 = 52000（元）

年初应交税费额（10）= 52000 − 20000 − 22500 = 9500（元）

【范例3】资产负债表项目练习

资料：华天公司 2013 年 10 月 31 日有关总账和明细账户的余额如下：

资产负债表（简表）

编制单位：华天公司　　　　　2013 年 10 月 31 日　　　　　单位：元

账户	借或贷	余额	负债和所有者权益账户	借或贷	余额
库存现金	借	4800	短期借款	贷	160000
银行存款	借	218000	应付账款	贷	52000
其他货币资金	借	69000	——丙企业	贷	75000
应收账款	借	80000	——丁企业	借	23000
——甲公司	借	120000	预收账款	贷	5500
——乙公司	贷	40000	——C 公司	贷	5500
坏账准备	贷	1000	应交税费	贷	14500
预付账款	借	12000	长期借款	贷	200000
——A 公司	贷	3000	应付债券	贷	230000
——B 公司	借	15000	其中一年内到期的应付债券	贷	30000
原材料	借	46700	长期应付款	贷	100000
生产成本	借	95000	实收资本	贷	1500000
库存商品	借	60000	资本公积	贷	110000
存货跌价准备	贷	2100	盈余公积	贷	48100
固定资产	借	1480000	利润分配	贷	1900
累计折旧	贷	6500	——未分配利润	贷	1900
无形资产	借	402800	本年利润	贷	36700
资产合计		2458700	负债及所有者权益合计		2458700

则华天公司 2013 年 10 月末资产负债表的下列报表项目金额为：

（1）货币资金（　　）元；

（2）应收账款（　　）元；

（3）预付款项（　　）元；

（4）存货（　　）元；

（5）流动资产合计（　　）元；

（6）固定资产（　　）元；

（7）非流动资产合计（　　）元；

（8）资产合计（　　）元；

（9）应付账款（　　）元；

（10）预收款项（　　）元；

（11）流动负债合计（　　）元；

（12）应付债券（　　）元；

（13）负债合计（　　）元；

（14）未分配利润（　　）元；

（15）所有者权益合计（　　）元。

解析：（1）货币资金（291800）元；

（2）应收账款（119000）元；

（3）预付款项（38000）元；

（4）存货（199600）元；

（5）流动资产合计（648400）元；

（6）固定资产（1473500）元；

（7）非流动资产合计（1876300）元；

（8）资产合计（2524700）元；

（9）应付账款（78000）元；

（10）预收款项（45500）元；

（11）流动负债合计（328000）元；

（12）应付债券（200000）元；

（13）负债合计（828000）元；

（14）未分配利润（38600）元；

（15）所有者权益合计（1696700）元。

【范例4】资产负债表的编制

资料：华天公司 2013 年 10 月初有关账户余额如下：

账户名称	借方余额	账户名称	贷方余额
库存现金	1280	应付账款	75400
银行存款	223450	短期借款	100000
应收账款	87600	应交税费	15800

续表

账户名称	借方余额	账户名称	贷方余额
库存商品	158900	累计折旧	24600
固定资产	587570	实收资本	800000
长期股权投资	100000	未分配利润	143000
合　计	1158800	合计	1158800

华天公司 10 月发生以下业务：

（1）收到其他单位前欠货款 32000 元，存入银行。

（2）销售商品 1000 件，每件售价 100 元，每件成本 70 元，增值税税率 17%，款项已收，存入银行。

（3）采购商品一批，增值税专用发票列示的价款 50000 元，增值税税率 17%，货已入库，款未付。

（4）开出转账支票支付上述销售商品的运杂费用 2000 元。

（5）从银行存款户中归还短期借款 50000 元以及本月借款利息 350 元。

（6）通过银行转账支付上述部分购料款 38500 元。

要求：根据上述资料，代华天公司完成资产负债表的编制。

解析：

资产负债表（简表）

制表单位：华天公司　　　　　　　　　2013 年 10 月 31 日　　　　　　　　　单位：元

资产	年初数	年末数	负债和所有者权益	年初数	年末数
流动资产：	略		流动负债：	略	
货币资金		(1) 282880	短期借款		(9) 50000
应收账款		(2) 55600	应付账款		(10) 95400
存货		(3) 138900	应交税费		(11) 24300
流动资产合计		(4) 477380	流动负债合计		(12) 169700
非流动资产：			所有者权益		
长期股权投资		(5) 100000	实收资本		800000
固定资产		(6) 562970	未分配利润		(13) 170650
非流动资产合计		(7) 662970	所有者权益合计		(14) 970650
资产总计		(8) 1140350	负债及所有者权益总计		(15) 1140350

【范例 5】利润表项目实训

华天公司为增值税一般纳税人企业，主要生产和销售甲产品，适用增值税税率为 17%，所得税税率为 25%，城建税教育费附加略。该公司 2013 年发生以下业务：

（1）销售甲产品一批，该批产品的成本 16 万元，销售价格 40 万元，专用发票注明增值税 6.8 万元，产品已经发出，提货单已交给买方。货款及增值税税款尚未收到。

（2）当年分配并发放职工工资 40 万元，其中生产工人工资 24 万元，车间管理人员工资 8 万元，企业管理人员工资 8 万元。

（3）本年出租一台设备，取得租金收入 8 万元（其他业务收入）。

（4）本年度计提固定资产折旧 8 万元，其中计入制造费用的固定资产折旧 5 万元，计入管理费用的折旧 2 万元，出租设备的折旧 1 万元（其他业务成本）。

（5）用银行存款支付销售费用 1 万元。

（6）在本年末的财产清查中发现账外设备一台，其市场价格 2 万元，经批准转作营业外收入。

则华天公司 2013 年利润表的下列报表项目金额为：

（1）营业收入（ ）元；

（2）营业成本（ ）元；

（3）营业利润（ ）元；

（4）利润总额（ ）元；

（5）所得税费用（ ）元；

（6）净利润（ ）元。

解析：

（1）营业收入（480000）元；

（2）营业成本（170000）元；

（3）营业利润（20000）元（营业收入 48 万元+营业成本 17 万元+管理人员工

资 8 万元-计入管理费用的折旧 2 万元-销售费用 1 万元）；

（4）利润总额（220000）元（营业利润 20 万元+营业外收入 2 万元）；

（5）所得税费用（55000）元；

（6）净利润（165000）元。

【范例 6】利润表的编制

华天公司所得税税率为 25%，该公司 2013 年 11 月的利润表如下：

利润表（简表）

编制单位：华天公司   2013 年 11 月   单位：元

项　目	本期金额	本年累计金额
一、营业收入	略	1289600
减：营业成本		885400
营业税金及附加		21700
销售费用		18500
管理费用		40900
财务费用		2000
资产减值准备		3500
二、营业利润（损失以"-"号填列）		317600
加：营业外收入		1400
减：营业外支出		3000
三、利润总额（损失以"-"号填列）		316000
减：所得税费用		79000
四、净利润（亏损以"-"号填列）		237000

华天公司 12 月发生以下经济业务：

（1）对外销售甲商品 1000 件，单价 135 元，增值税税率为 17%，收到对方开来的一张金额为 157950 元的商业汇票。

（2）经批准处理财产清查中的账外设备一台，估计原价 10000 元，七成新。

（3）计算分配本月应付职工工资共计 45000 元。其中管理部门 30000 元，专设销售机构人员工资 15000 元。

（4）计提本月办公用固定资产折旧 1200 元。

（5）结转已销售的 1000 件甲商品的销售成本 87000 元。

（6）将本月实现的损益结转至"本年利润"账户。

要求：根据上述资料，完成华天公司 2013 年利润表的编制。

解析：利润表如下：

利润表

编制单位：华天公司　　　　　　　　　　2013 年 12 月　　　　　　　　　　单位：元

项　目	本年金额	上年金额
一、营业收入	（1）1424600	略
减：营业成本	972400	
营业税金及附加	21700	
销售费用	33500	
管理费用	（2）72100	
财务费用	2000	
资产减值损失	3500	
二、营业利润（损失以"－"号填列）	（3）319400	
加：营业外收入	8400	
减：营业外支出	3000	
三、利润总额（损失以"－"号填列）	（4）324800	
减：所得税费用	（5）81200	
四、净利润（亏损以"－"号填列）	（6）243600	

【范例 7】利润表的编制

资料：华天公司 2013 年的简式利润表经注册会计师审核后发现登记记账凭证存在的错误如下：

（1）有一笔产品销售业务，结转的销售成本为 45000 元，而实际应结转的销售成本是 55000 元，少结转成本 10000 元。

（2）漏记用银行存款购买办公室用品的费用 1000 元，导致少计管理费用 1000 元。

（3）将一笔 120000 元的销售收入误记为 150000 元，多计收入 30000 元，假定该销售收入已存入银行。

要求：

（1）指出下述各笔错账的更正方法，并编制错账更正分录。

（2）将正确的简式利润表编制完毕（假定所得税税率为25%，不存在任何纳税调整事项）。

错误更正前的简式利润表如下：

利润表

编制单位：华天公司　　　　　　　　　　2013年12月　　　　　　　　　　单位：元

项　目	行次	本期金额	上年金额
一、营业收入		500000	略
减：营业成本		200000	
营业税金及附加		70000	
销售费用		20000	
管理费用		25000	
财务费用		5000	
二、营业利润（损失以"－"号填列）		180000	
加：营业外收入		5000	
减：营业外支出		2000	
三、利润总额（损失以"－"号填列）		183000	
减：所得税费用		45750	
四、净利润（亏损以"－"号填列）		137250	

解析：

（1）少结转销售成本10000元，应采用补充登记法：

　　　　借：主营业务成本　　　　　　　　　　10000

　　　　　　贷：库存商品　　　　　　　　　　　　　　10000

漏记购买办公用品费用，采用补充登记法：

　　　　借：管理费用　　　　　　　　　　　　1000

　　　　　　贷：银行存款　　　　　　　　　　　　　　1000

多记收入，应用红字更正法：

　　　　借：银行存款　　　　　　　　　　　　35100

　　　　　　贷：主营业务收入　　　　　　　　　　　　30000

　　　　　　　　应交税费——应交增值税（销项税额）　5100

（2）

简式利润表

项　目	行次	本期金额	上年金额
一、营业收入		（1）470000	略
减：营业成本		（2）210000	
营业税金及附加		70000	
销售费用		20000	
管理费用		26000	
财务费用		5000	
二、营业利润（损失以"-"号填列）		（3）139000	
加：营业外收入		5000	
减：营业外支出		2000	
三、利润总额（损失以"-"号填列）		（4）142000	
减：所得税费用		（5）35500	
四、净利润（亏损以"-"号填列）		（6）106500	

【演练要求与步骤】

演练要求：

（1）通过演练，要求学生能掌握利润表各项目的填制。

（2）掌握资产负债表各项目的填制。

一、利润表的编制训练

资料一：某企业 2013 年有关损益类科目发生额如下所示。

要求：编制该企业的利润表。

2013 年损益类账户发生额

单位：元

科目名称	借方发生额	贷方发生额
主营业务收入		800000
营业成本	460000	
营业税金及附加	24000	
其他业务收入		40000
其他业务成本	25000	
销售费用	35000	
管理费用	50000	
财务费用	15000	
投资收益		15000
营业外收入		2000
营业外支出	8000	
所得税费用	79200	

利润表

编制单位：   单位：元

项　目	本期金额	上期金额
一、营业收入		
减：营业成本		
营业税金及附加		
销售费用		
管理费用		
财务费用		
资产减值损失		
加：公允价值变动净收益（净损失以"–"填列）		
投资收益（损失以"–"填列）		
二、营业利润（损失以"–"号填列）		
加：营业外收入		
减：营业外支出		
三、利润总额（损失以"–"号填列）		
减：所得税费用		
四、净利润（亏损以"–"号填列）		

资料二：华天公司所得税税率为25%，该公司2013年1~11月各损益类账户的累计发生额和12月底转账前各损益类账户的发生额如下：

账户名称	12月发生数		1~11月累计发生额	
	借方	贷方	借方	贷方
主营业务收入		318000		5000000
主营业务成本	252500		2800000	
销售费用	2600		10000	
营业税金及附加	1000		29000	
其他业务成本	7500		32500	
营业外支出	2000		11000	
财务费用	3000		30000	
管理费用	4400		50000	
其他业务收入		9500		45000
营业外收入		3000		
投资收益		20000		

要求：计算2013年利润表的项目金额。

（1）营业收入（　　）元；

（2）营业成本（　　）元；

（3）营业利润（　　）元；

（4）利润总额（　　）元；

（5）所得税费用（　　）元；

（6）净利润（　　）元。

资料三：振华公司所得税税率为25%，该公司2013年1~11月各损益类账户的累计发生额和12月底转账前各损益类账户的发生额如下：

账户名称	12月发生额		1~11月累计发生额	
	借方	贷方	借方	贷方
主营业务收入		208000		4000000
主营业务成本	132000		2600000	
销售费用	2000		10000	
营业税金及附加	1000		24000	
其他业务成本	7500		30000	
营业外支出	2000		12000	
财务费用	3000		30000	
管理费用	3400		50000	
其他业务收入		9000		45000
营业外收入		1000		
投资收益		10000		
所得税			386700	

要求：根据上述资料编制振华公司2013年12月的利润表。

利润表

编制单位：振华公司　　　　　　　　2013年12月　　　　　　　　单位：元

项　目	本月金额	本年累计
一、营业收入		
减：营业成本		
营业税金及附加		

续表

项　目	本月金额	本年累计
销售费用		
管理费用		
财务费用		
资产减值损失		
加：公允价值变动净收益（净损失以"－"填列）		
投资收益（损失以"－"填列）		
二、营业利润（损失以"－"号填列）		
加：营业外收入		
减：营业外支出		
三、利润总额（损失以"－"号填列）		
减：所得税费用		
四、净利润（亏损以"－"号填列）		

二、资产负债表的编制训练

资料一：华天公司 2013 年 10 月的余额试算平衡表如下：

余额试算平衡表

2013 年 10 月 31 日　　　　　　　　　　　单位：元

会计科目	期末余额	
	借方	贷方
库存现金	380	
银行存款	65000	
其他货币资金	1220	
应收账款	36400	
坏账准备		500
原材料	27400	
库存商品	41500	
材料成本差异		1900
固定资产	324500	
累计折旧		14500
固定资产清理		5000
长期待摊费用	39300	
应付账款		31400
预收账款		4200

会计科目	期末余额	
	借方	贷方
长期借款		118000
实收资本		300000
盈余公积		1500
利润分配		8700
本年利润		50000
合　计	535700	535700

补充资料：

（1）长期待摊费用中含将于半年内摊销的金额 3000 元。

（2）长期借款期末余额中将于一年内到期归还的长期借款为 50000 元。

（3）应收账款有关明细账期末余额情况为：A 公司，贷方余额 5000 元；B 公司，借方余额 41400 元。

（4）应付账款有关明细账期末余额情况为：C 公司，贷方余额 39500 元；D 公司，借方余额 8100 元。

（5）预收账款有关明细账期末余额情况为：E 公司，贷方余额 7200 元；F 公司，借方余额 3000 元。

要求：根据上述资料，计算华天公司 2013 年 10 月 31 日资产负债表中下列报表项目的期末数。

（1）货币资金（　　）元；

（2）应收账款（　　）元；

（3）预付款项（　　）元；

（4）存货（　　）元；

（5）流动资产合计（　　）元；

（6）固定资产（　　）元；

（7）非流动资产合计（　　）元；

（8）资产合计（　　）元；

（9）应付账款（　　）元；

（10）预收款项（　　）元；

（11）流动负债合计（　　）元；

（12）长期借款（　　）元；

（13）负债合计（　　）元；

（14）所有者权益合计（　　）元；

（15）负债及所有者权益合计（　　）元。

资料二：中海公司 2013 年 4 月的余额试算平衡表如下：

余额试算平衡表

2013 年 4 月 30 日　　　　　　　　　　　　　　　单位：元

会计科目	期末余额	
	借方	贷方
库存现金	740	
银行存款	168300	
应收账款	85460	
坏账准备		6500
原材料	66500	
库存商品	101200	
存货跌价准备		1200
固定资产	468900	
累计折旧		3350
固定资产清理		5600
长期待摊费用	14500	
应付账款		93000
预收账款		10000
长期借款		250000
实收资本		500000
盈余公积		4500
利润分配		19300
本年利润		12150
合　计	905600	905600

补充资料：

（1）应收账款有关明细账期末余额情况为：长城公司，借方余额98000元；海天公司，贷方余额12540元。

（2）长期待摊费用中含将于一年内摊销的金额8000元。

（3）应付账款有关明细账期末余额情况为：白云公司，借方余额5000元；文创公司，贷方余额98000元。

（4）预收账款有关明细账期末余额情况为：方元公司，借方余额2000元；华裕公司，贷方余额12000元。

（5）长期借款期末余额中将于一年内到期归还的长期借款数为100000元。

要求：代中海公司完成资产负债表的编制。

资产负债表（简表）

制表单位：中海公司 　　　　　　2013年4月30日 　　　　　　单位：元

资　产	期初数	期末数	负债所有者权益	期初数	期末数
流动资产：	（略）		流动负债：	（略）	
货币资金		（1）	应付账款		（9）
应收账款		（2）	预收账款		（10）
预付账款		（3）	一年内到期的非流动负债		（11）
存货		（4）	流动负债合计		（12）
一年内到期的非流动资产		8000	非流动负债：		
流动资产合计		（5）	长期借款		150000
非流动资产：			非流动负债合计		150000
固定资产		（6）	负债合计		（13）
固定资产清理		−5600	所有者权益		
长期待摊费用		（7）	实收资本		500000
非流动资产合计		466450	盈余公积		4500
			未分配利润		（14）
			所有者权益合计		（15）
资产合计		（8）	负债及所有者权益总计		908490

资料三：天和公司2013年6月30日有关总账和明细账户的余额如下：

资产账户	借或贷	余额	负债和所有者权益账户	借或贷	余额
库存现金	借	2100	短期借款	贷	249800
银行存款	借	803770	应付票据	贷	19600
其他货币资金	借	91560	应付账款	贷	71400
交易性金融资产	借	114140	——丙企业	贷	73000

续表

资产账户	借或贷	余额	负债和所有者权益账户	借或贷	余额
应收票据	借	20000	——丁企业	借	1600
应收账款	借	77000	预收账款	贷	14700
——甲公司	借	80000	——C公司	贷	14700
——乙公司	贷	3000	其他应付款	贷	5000
坏账准备	贷	2000	应付职工薪酬	贷	7000
预付账款	借	36160	应交税费	贷	6580
——A公司	借	36000	应付股利	贷	22434
——B公司	借	160			
其他应收款	借	5510	长期借款	贷	340000
应收股利	借	3000	应付债券	贷	63700
材料采购	借	3500	其中一年内到期的应付债券	贷	23000
原材料	借	813127	长期应付款	贷	165900
周转材料	借	117600	实收资本	贷	3518830
材料成本差异	贷	32277	资本公积	贷	110000
生产成本	借	265485	盈余公积	贷	48100
库存商品	借	75600	利润分配	贷	2961
存货跌价准备	贷	10000	——未分配利润	贷	2961
持有至到期投资	借	174200	本年利润	贷	30000
固定资产	借	2887800			
累计折旧	贷	1034920			
在建工程	借	256760			
固定资产清理	贷	6875			
无形资产	借	24015			
资产合计		4699005	负债及所有者权益合计		4699005

要求：根据上述资料编制天和公司 2013 年 6 月 30 日的资产负债表（填列期末数栏）。

资产负债表（简表）

制表单位：天和公司　　　　　　　　2013 年 6 月 30 日　　　　　　　　单位：元

资产	年初数	年末数	负债和所有者权益	年初数	年末数
流动资产：			流动负债：		
货币资金			短期借款		
交易性金融资产			应付票据		
应收票据			应付账款		
应收账款			预收款项		
预付款项			应付职工薪酬		
应收股利			应交税费		
其他应收款			应付股利		
存货			其他应付款		
流动资产合计			一年内到期的非流动负债		

续表

资 产	年初数	年末数	负债和所有者权益	年初数	年末数
			流动负债合计		
非流动资产：			非流动负债：		
持有至到期投资			长期借款		
固定资产			应付债券		
在建工程			长期应付款		
固定资产清理			非流动负债合计		
无形资产			负债合计		
非流动资产合计			所有者权益：		
			实收资本		
			资本公积		
			盈余公积		
			未分配利润		
			所有者权益合计		
资产总计			负债及所有者权益总计		

【考核与评价】

学生操作完毕后，实训指导教师和学生应当及时进行总结。

（1）学生撰写财务报表模拟实训总结报告（主要总结实训的收获）。

（2）实训指导老师对整个实训作总评。

（3）实训指导老师评定学生实训成绩。

评分标准如下：

（1）利润表的填制。（50分）

（2）资产负债表的填制。（50分）

演练任务六

综合实训

【演练目的】

通过会计综合实训，学生能够比较系统地掌握手工基础会计核算的基本程序和具体方法，加深对所学专业理论知识的理解，提高实际动手能力。

项目任务书

任务名称	综合实训	任务编号	006	时间要求	14 课时
要求	掌握从原始凭证的填列到编制报表—整套的会计核算流程				
重点培养的能力	系统掌握手工基础会计核算的基本程序和具体方法，进一步理解所学专业理论知识，提高实际动手能力				
涉及知识	从原始凭证的填列到编制报表—整套的会计核算流程和具体方法				
教学地点	教室、机房	参考资料			
教学设备	投影设备、投影幕布、能上网的电脑				

训练内容

1. 填制原始凭证，编制通用记账凭证
2. 编制科目汇总表
3. 登记有关明细账与总分类账户
4. 月末对账和结账
5. 编制资产负债表和利润表
6. 会计档案整理

训练要求

要求学生熟练掌握会计业务核算的一整套流程

成果要求及评价标准

1. 设置账户（10 分）
2. 原始凭证和记账凭证的填写（25 分）
3. 科目汇总表的编制（10 分）
4. 账户的登记及对账和结账（10 分）
5. 编制资产负债表和利润表（40 分）
6. 整理会计档案（5 分）

续表

任务产出一	成员姓名与分工	成 员	学 号	分 工
		组长		
		成员1		
		成员2		
		成员3		
		成员4		
		成员5		
		成员6		
任务产出二	1. 开设总分类账户和有关明细分类账户（包括现金日记账和银行存款日记账；原材料、库存商品等明细分类账户）并计入期初余额（10分） 2. 填制未完成的原始凭证并审核原始凭证，根据审核无误的原始凭证编制通用记账凭证（25分） 3. 根据记账凭证编制科目汇总表（10天汇总一次）（10分） 4. 登记有关明细账与总分类账户（5分） 5. 计算各账户本期发生额及余额，进行月末对账和结账（5分） 6. 在账账相符的基础上，编制资产负债表和利润表（40分） 7. 会计档案整理，将会计凭证与账簿装订成册（5分）			
项目组评价			总分	
教师评价				

【演练内容】

（1）开设总分类账户和有关明细分类（序时）账户并计入期初余额。

（2）填制原始凭证，然后根据原始凭证编制通用记账凭证。

（3）根据记账凭证编制科目汇总表。

（4）登记有关明细账与总分类账户。

（5）计算各账户本期发生额及余额，进行月末对账和结账。

（6）编制资产负债表和利润表。

（7）会计档案整理。

【备品准备】

记账凭证、日记账、明细账、总账、科目汇总表、利润表和资产负债表、笔、胶水、剪刀、计算器、印鉴、订书机等用品用具。

【演练资料】

一、中国工商银行进账单

中国工商银行进账单（收账通知）

年 月 日　　　　　　　　　　　　　　第 号

出票人	全称		收款人	全称	
	账号			账号	
	开户银行			开户银行	

金额		仟	佰	拾	万	仟	拾	元	角	分

票据种类	转账支票	
票据张数		收款人开户银行签章

单位主管：　会计：　复核：　记账：

二、转账支票

转账支票

中国工商银行	中国工商银行转账支票　　支票号码Ⅶ Ⅱ 011426359
支票存根	签发日期 贰零壹叁 年 壹拾贰 月 零捌 日
支票号码Ⅶ Ⅱ 011426359	收款单位：深圳同方有限公司　　签发单位账号*********
科　目：银行存款	
对方科目：在途物资	人民币
签发日期：2013 年 12 月 8 日	（大写）伍万捌仟伍佰元整
收款单位：深圳同方有限公司	
金　额：¥58500.00	本支票付款期限十天
用　途：购买材料	用途购买材料 PCB 电路板　　银行会计分录：
	上列款项申请由　科目（借）_____
	我账户内付给　对方科目（贷）_____
单位主管：李莉　会计：鲍婧	付讫日期　年 月 日
	签发单位盖章　　出纳 复核 记账

人民币（大写）伍万捌仟伍佰元整：百 十 万 千 百 十 元 角 分　¥ 5 8 5 0 0 0 0

三、增值税专用发票

广东省增值税专用发票

开票日期：　年　月　日　　　　　　　　　　　　　　　　　No.******

购货单位	名称		纳税人登记号											
	地址、电话		开户银行及账号											

商品或劳务名称	计量单位	数量	单价	金额									税率（%）	税额									
				百	十	万	千	百	十	元	角	分		百	十	万	千	百	十	元	角	分

价税合计（大写）	（小写）¥

销货单位	名称		纳税人登记号	
	地址、电话		开户银行及账号	

第二联：发票联

四、银行借款借据

中国工商银行借款借据（收账通知）

借款企业名称：　　　　　　　　　　年　月　日

贷款种类		贷款账号		存款账号											
					亿	仟	佰	拾	万	仟	佰	拾	元	角	分
借款金额						1	5	0	0	0	0	0	0	0	0
借款用途															
约定还款期：				期限：至											

上列款项已批准发放，转放你单位存款账户。 此致 　　　　单位 （银行盖章）	单位分录 （借） （贷） 主管　　会计　　复核　　记账 　　　　年　月　日

五、委托收款凭证

委托收款凭证（付款通知）

凭证编号：　　　　　　　　委托日期：　年　月　日

付款人	全称		收款人	全称	
	账号			账号	
	开户银行			开户银行	

委托金额	人民币（大写）		¥

款项内容		委托收款凭证名称	附寄单据张数

银行盖章 转账日期：　年　月　日	提示：纳税编码：电子税票号： 税种　税目　所属期　计税金额　抵扣税款　纳税金额 消费税　　　年　月

【演练要求与步骤】

演练要求：

通过演练，要求学生能掌握从原始凭证的填列到编制报表一整套的会计核算流程。

具体要求与步骤：

（1）根据资料开设总分类账户和有关明细分类（序时）账户（包括库存现金和银行存款日记账；原材料、库存商品等明细分类账户）并计入期初余额。

（2）根据资料填制未完成的原始凭证并审核原始凭证，然后根据审核无误的原始凭证编制通用记账凭证。

（3）根据记账凭证编制科目汇总表（10 天汇总一次）。

（4）登记有关明细账与总分类账户。

（5）计算各账户本期发生额及余额，进行月末对账和结账。

（6）在账账相符的基础上，编制资产负债表和利润表。

（7）会计档案整理，将会计凭证与账簿装订成册。

本实训所涉公司背景：

（1）公司名称：深圳豪佳业实业有限责任公司。

（2）企业地址：深圳市龙翔大道 2766 号，电话：825342，邮政编码：518618。

（3）纳税人登记号：006930008006409。

（4）开户银行：基本存款户，中国工商银行深圳市分行龙翔支行，账号：622206488896。

（5）企业性质：民营企业，一般纳税人。

（6）经营范围：LED 灯具生产与销售，主要产品为台灯、吊灯。

（7）所用主要材料：PCB 电路板、玻璃、不锈钢等，材料核算采用实际成本法，材料发出采用月末一次加权平均法计价。

（8）会计记账方法：借贷记账法。

（9）法定代表人：秦海。

（10）会计岗位分工。

会计主管：李莉。

出纳：白姗姗。

总账会计：于海。

明细账会计：鲍婧。

账务处理程序：科目汇总表账务处理程序。

本实训相关信息：

深圳豪佳业实业有限责任公司 2013 年 12 月 1 日期初资料如下：

（1）总分类账户的期初余额：

账户名称	借方金额	账户名称	贷方金额
库存现金	4140.00	应付账款	491400.00
银行存款	201200.00	应付职工薪酬	132000.00
应收账款	819000.00	应付利息	55000.00
		应交税费	24960.00
其他应收款	5000.00	长期借款	1000000.00
原材料	970000.00	实收资本	2000000.00
生产成本	11200.00	盈余公积	719560.00
库存商品	900000.00	本年利润	469540.00
长期待摊费用	260000.00	利润分配	232480.00
固定资产	2650400.00	累计折旧	696000.00

（2）有关损益类账户累计发生额：

项目	本年 1~11 月借方发生额	本年 1~11 月贷方发生额
主营业务收入		5816276.00
营业外收入		469540.00
主营业务成本	5459173.00	
营业税金及附加	278695.00	
销售费用	42782.00	
管理费用	35626.00	

（3）有关明细分类账户的期初余额及相关资料：

应收账款——深圳鲍鱼网络技术有限公司：585000 元

　　　　——深圳永安建材有限公司：234000 元

其他应收款——黄良清：5000 元

原材料——PCB 电路板：8500 个，单价 100 元，计 850000 元

　　　——不锈钢：2400 千克，单价 50 元/千克，计 120000 元

生产成本——吊灯——直接材料：5000 元

　　　　——直接人工：3000 元

　　　　——制造费用：3200 元

库存商品——台灯，4500 件，单价 200 元/件，计 900000 元

长期待摊费用——租入办公用房装修：260000 元

应付账款——广州新世纪有限公司：351000 元

　　　　——深圳华强商贸有限公司：140100 元

应付职工薪酬——工资：108000 元

　　　　　——社会保险费：18000 元

　　　　　——职工福利：6000 元

应付利息——长期借款：55000 元

应交税费——应交增值税：18960 元

　　　　——应交消费税：6000 元

实收资本——华富公司：1000000 元

　　　　——佳美公司：1000000 元

利润分配——未分配利润：232480 元

长期待摊费用为行政管理部门租入办公用房装修费，每月摊销 10000 元。

长期借款为年初借入，三年期，年利率 6%，按年支付利息，到期还本，该利息不符合资本化条件。

存货出入库总分类核算采用月末汇总结转。

吊灯本月生产 400 个，台灯本月生产 800 个。制造费用的分配按照两种产品的生产数量比例进行分配。

12 月深圳豪佳业实业有限公司发生以下经济业务：

（1）12 月 1 日，发生业务如下：

中国工商银行　进账单（收账通知）

2013 年 12 月 1 日　　　　　　　　　　　　　　　　第 05462 号

出票人	全称	深圳华富有限责任公司	收款人	全称	深圳豪佳业实业有限责任公司
	账号	880008123456		账号	622206488896
	开户银行	中国银行深圳市分行		开户银行	中国工商银行深圳市分行龙翔支行
金额					
票据种类		转账支票			
票据张数		壹			
单位主管　会计　复核　记账				收款人开户银行签章	

深圳豪佳业实业有限责任公司收据

2013 年 12 月 1 日

今收到　广东华富有限责任公司

人民币（大写）壹佰伍拾万元整　　　　　　　¥1500000.00

事由：追加投资款

收款单位：深圳豪佳业实业有限责任公司　　　财务主管：李莉　　　收款人：白姗姗

第三联 会计记账

（2）12 月 4 日，发生业务如下：

中国工商银行　进账单（收账通知）

2013 年 12 月 4 日　　　　　　　　　　　　　　　　第 05463 号

出票人	全称	深圳永安建材有限公司	收款人	全称	深圳豪佳业实业有限责任公司									
	账号	989600004567		账号	622206488896									
	开户银行	中国银行深圳市分行		开户银行	中国工商银行深圳市分行龙翔支行									
金额	人民币（大写）	贰拾叁万肆仟元整				仟	佰	拾	万	仟	佰	拾	元	角	分
							¥	2	3	4	0	0	0	0	0	0
票据种类		转账支票												
票据张数		壹												
单位主管：秦海　　会计：鲍婧 复核：李莉　　记账：于海				收款人开户银行签章										

（3）12月6日，发生如下业务：

中国工商银行借款借据（收账通知）

借款企业名称：深圳豪佳业实业有限责任公司　　　　　　　　　　　　2013 年 12 月 6 日

贷款种类	流动资金贷款	贷款账号	151		存款账号				622206488896					
借款金额	人民币（大写）　壹佰伍拾万元整			亿	仟	佰	拾	万	仟	佰	拾	元	角	分
					¥	1	5	0	0	0	0	0	0	0
借款用途	生产周转资金													
约定还款期：3 个月				期限：2013 年 12 月 6 日至 2014 年 3 月 6 日										
上列款项已批准发放，转放你单位存款账户。 此致				单位分录 （借） （贷） 主管：秦海　会计：鲍婧　复核：李莉　记账：于海 2013 年 12 月 6 日										

（4）12月7日，发生业务如下：

业务一：

支票存根

中国工商银行
现金支票存根

科目：银行存款
对方科目：库存现金
出票日期：2013 年 12 月 7 日
收款人：本单位
金额：¥5000.00
用途：提现
单位主管　秦海　会计　鲍婧

业务二：

领料单

领料单位：生产车间　　　　　　2013 年 12 月 7 日

用　途	生产		材料类别及编号			
材料名称及规格	单　位	请领数	实发数		单　价	金　额
PCB 电路板	个	150	150		100	15000
不锈钢	千克	300	300		50	15000
备注						

领料单位负责人：陈明　　　　记账：鲍婧　　　　发料：孙明亮　　　　领料：杨红英

（5）12月8日，发生业务如下：

广东省增值税专用发票

开票日期：2013 年 12 月 8 日　　　　　　　　　　　　　　　　No. ******

<table>
<tr><td rowspan="2">购货单位</td><td>名称</td><td colspan="2">深圳豪佳业实业
有限责任公司</td><td colspan="2">纳税人登记号</td><td colspan="4"></td></tr>
<tr><td>地址、电话</td><td colspan="2">深圳市龙翔大道
2766 号 825342</td><td colspan="2">开户银行及账号</td><td colspan="4">中国工商银行深圳市分行龙翔支行 622206488896</td></tr>
</table>

商品或劳务名称	计量单位	数量	单价	金额 百十万千百十元角分	税率(%)	税额 百十万千百十元角分
PCB 电路板	个	500	100	5 0 0 0 0 0 0	17	8 5 0 0 0 0
合计				5 0 0 0 0 0		¥ 8 5 0 0 0 0

价税合计（大写）　伍万捌仟伍佰圆整　（小写）¥58500.00

销货单位：名称 深圳同方有限公司　纳税人登记号 *********　地址、电话 *********　开户银行及账号 *********

第二联：发票联

转账支票

中国工商银行
支票存根
支票号码 Ⅶ Ⅱ 011426359
科　目：银行存款
对方科目：在途物资
签发日期：2013 年 12 月 8 日
收款单位：深圳同方有限公司
金　额：¥58500.00
用　途：购买材料
单位主管 秦海　会计 鲍婧

中国工商银行转账支票　支票号码 Ⅶ Ⅱ 011426359
签发日期 贰零壹叁年壹拾贰月零捌日
收款单位：深圳同方有限公司　签发单位账号 *********
人民币（大写）伍万捌仟伍佰元整　¥ 5 8 5 0 0 0 0
本支票付款期限十天
用途 购买材料 PCB 电路板　银行会计分录：
上列款项申请由　科目（借）_____
我账户内付给　对方科目（贷）_____
付讫日期 年 月 日
签发单位盖章　出纳：　复核：　记账：

收料单

发票号：0023236　　　2013 年 12 月 8 日　　　编号：001

材料名称及规格	单位	数量 发票	实收	实际成本 发票价格	运杂费	合计	单价
供应单位 广东华联家具配件公司				材料类别及编号		（略）	
PCB 电路板	个	5000	5000	50000		50000	10.00

备注：

核算：　主管：李莉　保管：李佳　检验：　交库：

（6）12月10日，发生业务如下：

支票存根

```
中国工商银行
现金支票存根

科目：银行存款
对方科目：应付职工薪酬
出票日期：2013 年 12 月 10 日
收款人：本单位
金额：¥108000.00
用途：代发工资
单位主管：秦海　会计：鲍婧
```

（7）12月11日，发生业务如下：

委托收款凭证（付款通知）

凭证编号：20000100000100000　　　　　委托日期：2013 年 12 月 11 日

付款人	全称	深圳市豪佳业实业有限责任公司	收款人	全称	深圳市国税局福田征收分局
	账号	622206488896		账号	
	开户银行	中国工商银行		开户银行	中国人民银行国税处
委托金额	人民币（大写）壹万捌仟玖佰陆拾元整　　　¥18960.00				
款项内容	代扣地税款	委托收款凭证名称		附寄单据张数	
银行盖章 转账日期：2013 年 12 月 11 日	提示：纳税编码：123456 电子税票号：892948 深圳豪佳业实业有限责任公司 税种　税目　所属期　计税金额　抵扣税款　纳税金额 增值税　　2013 年 11 月　　　　　　　¥18960.00				

委托收款凭证（付款通知）

凭证编号：20000100000100000　　　　　委托日期：2013 年 12 月 11 日

付款人	全称	深圳市豪佳业实业有限责任公司	收款人	全称	深圳市国税局福田征收分局
	账号	622206488896		账号	
	开户银行	中国工商银行		开户银行	中国人民银行国税处
委托金额	人民币（大写）陆仟元整　　　¥6000.00				
款项内容	代扣地税款	委托收款凭证名称		附寄单据张数	
银行盖章 转账日期：2013 年 12 月 11 日	提示：纳税编码：123456 电子税票号：892948 深圳豪佳业实业有限责任公司 税种　税目　所属期　计税金额　抵扣税款　纳税金额 消费税　　2013 年 11 月　　　　　　　¥6000.00				

（8）12 月 12 日，发生业务如下：

付款通知书
2013 年 12 月 12 日

收款单位	广州新世纪有限公司				
账号	40002000	开户行	中国工商银行广州市荔湾支行		
付款方式		支票 电汇√ 信汇 票汇 现金			
品种	支付前欠账款	数量		单价	
金额	（大写）壹拾壹万柒仟元整		¥117000.00		
备注					

单位主管：秦海　　　　审核：陈伟　　　　经办：白姗姗

中国工商银行 电汇凭证（回单）

委托日期：2013 年 12 月 12 日

	全称	深圳市豪佳业实业有限责任公司			全称	广州新世纪有限公司	
汇款人	账号	622206488896		收款人	账号	40002000	
	汇出地点	广东深圳	汇出行名称	中国工商银行		汇入地点	广东广州	汇入行名称	中国银行
金额	人民币（大写）壹拾壹万柒仟元整		¥117000.00				
汇款用途：支付前欠账款					汇出行盖章 2013 年 12 月 12 日		
上列款项已根据委托办理，如需查询，请持此回单来行面洽。							
单位主管：秦海　会计：鲍婧　出纳：白姗姗　记账：于海							

（9）12 月 13 日，发生业务如下：

深圳市增值税专用发票

开票日期：2013 年 12 月 13 日　　　　　　　　　　　　　　　　No. *****

购货单位	名称	深圳华美灯饰有限公司			纳税人登记号		*********								
	地址、电话	**********			开户银行及账号		***********								

商品或劳务名称	计量单位	数量	单价	金额								税率（%）	税额								
				百	十	万	千	百	十	元	角	分		百	十	万	千	百	十	元	角	分
台灯	台	600	400			2	4	0	0	0	0	0	17			4	0	8	0	0	0	0
合计				¥		2	4	0	0	0	0	0		¥		4	0	8	0	0	0	0

价税合计（大写）	贰拾捌万零捌佰元整	（小写）¥280800.00		
销货单位	名称	深圳豪佳业实业有限责任公司	纳税人登记号	006930008006409
	地址、电话	深圳市龙翔大道 2766 号 0755-825342	开户银行及账号	深圳市分行龙翔支行 622206488896

第三联　记账联

中国工商银行 进账单（收账通知）

2013 年 12 月 13 日　　　　　第 07598 号

	全称	深圳华美灯饰有限公司		全称	深圳豪佳业实业有限责任公司
付款人	账号	********	收款人	账号	622206488896
	开户银行	中国工商银行深圳市分行西丽支行		开户银行	中国工商银行深圳市分行龙翔支行

金额	人民币（大写）贰拾捌万零捌佰元整	仟	佰	拾	万	仟	佰	拾	元	角	分
				2	8	0	8	0	0	0	0

票据种类	电汇凭证
票据张数	壹

收款人开户银行签章

单位主管　会计　复核　记账

出库单

用途：销售　　　　　2013 年 12 月 13 日

货号	品名	单位	数量	单价	金额	备注
U201	台灯	台	600	200	120000.00	
合计	人民币（大写）壹拾贰万元整				¥120000.00	

记账：鲍婧　　　保管：宋云　　　检验：孙光明　　　制单：王启

(10) 12 月 15 日，发生业务如下：

深圳豪佳业有限责任公司现金内部付款凭单

2013 年 12 月 15 日　　　　　编号：1

领款人	王强
付款用途	购买打印机纸
金额 人民币（大写）伍拾元整	¥50.00

主管领导：王伟波　　财务主管：林树青　　出纳：曹静　　领款人签字：王强

深圳市商业发票

发票联

国家税务总局监制

付款单位：深圳豪佳业实业有限责任公司　2013 年 12 月 15 日　　No. 6734144

货号	品名规格	单位	数量	单价	万	千	百	十	元	角	分	备注
	打印机纸	包	1	50.00			¥	5	0	0	0	现金
	合计 人民币（大写）伍拾元整			¥50.00								

单位（盖章）：笔友文具商场　　开票人：刘焕　　收款人：鲁菲

（11）12 月 16 日，发生业务如下：

广东省增值税专用发票

开票日期：2013 年 12 月 16 日

No. 0023245

购货单位	名称	广州幻彩灯饰有限公司		纳税人登记号			*********										
	地址、电话	**********		开户银行及账号			***********										

商品或劳务名称	计量单位	数量	单价	金额									税率(%)	税额								
				百	十	万	千	百	十	元	角	分		百	十	万	千	百	十	元	角	分
吊灯	台	200	1200		2	4	0	0	0	0	0	0	17			4	0	8	0	0	0	0
合计				¥	2	4	0	0	0	0	0	0			¥	4	0	8	0	0	0	0

价税合计（大写）	贰拾捌万零捌佰元整　（小写）¥280800.00		
销货单位	名称	深圳豪佳业实业有限责任公司	纳税人登记号	006930008006409
	地址、电话	深圳市龙翔大道 2766 号 0755-825342	开户银行及账号	中国工商银行深圳市分行龙翔支行 622206488896

中国工商银行　进账单（收账通知）

2013 年 12 月 16 日

第 07598 号

付款人	全称	广州幻彩灯饰有限公司	收款人	全称	深圳豪佳业实业有限责任公司									
	账号	*********		账号	622206488896									
	开户银行	中国银行广州市分行天河支行		开户银行	中国工商银行深圳市分行龙翔支行									

		仟	佰	拾	万	仟	佰	拾	元	角	分
金额	人民币（大写）贰拾捌万零捌佰元整			2	8	0	8	0	0	0	0

票据种类	电汇凭证
票据张数	壹

收款人开户银行签章

单位主管：秦海　　会计：鲍婧
复核：李莉　　记账：于海

（12）12 月 17 日，发生业务如下：

领料单

领料单位：生产吊灯　　　　　　2013 年 12 月 17 日

用途	生产		材料类别及编号		
材料名称及规格	单位	请领数	实发数	单价	金额
PUB 电路板	个	2000	3000	100	300000
不锈钢	千克	300	300	50	15000
合计					315000
备注					

领料单位负责人：陈明　　记账：鲍婧　　发料：孙明亮　　领料：杨红英

领料单

领料单位：生产台灯　　　　　　　　2013 年 12 月 17 日

用　途	生产		材料类别及编号		
材料名称及规格	单　位	请领数	实发数	单　价	金　额
PUB 电路板	个	500	500	100	50000
玻璃	千克	60	60	3600	3600
合计					53600
备注					

领料单位负责人：陈明　　　记账：鲍婧　　　发料：孙明亮　　　领料：杨红英

（13）12 月 18 日，发生业务如下：

广东省增值税专用发票

开票日期：2013 年 12 月 18 日　　　　　　　　　　　　　　　No. *****

第三联：记账联

购货单位	名称	汕头光原地灯饰有限公司		纳税人登记号						*********												
	地址、电话	*********		开户银行及账号						***********												
商品或劳务名称	计量单位	数量	单价	金额								税率（%）	税额										
				百	十	万	千	百	十	元	角	分		百	十	万	千	百	十	元	角	分
台灯	台	800	400		3	2	0	0	0	0	0	0	17			5	4	4	0	0	0	0
合计				¥	3	2	0	0	0	0	0	0			¥	5	4	4	0	0	0	0
价税合计（大写）	叁拾柒万肆仟肆佰元整　　（小写）¥374400.00																					
销货单位	名称	深圳豪佳业实业有限责任公司		纳税人登记号						006930008006409												
	地址、电话	深圳市龙翔大道 2766 号 0755-825342		开户银行及账号						中国工商银行深圳市分行龙翔支行 622206488896												

出库单

用途：销售　　　　　　　　　　　2013 年 12 月 18 日

货号	品名	单位	数量	单价	金额	备注
U201	台灯	台	800	200	160000.00	
合计	人民币（大写）拾陆万元整　　¥160000.00					

记账：鲍婧　　　保管：宋云　　　检验：孙光明　　　制单：王启

（14）12 月 19 日，发生业务如下：

转账支票

中国工商银行 支票存根 支票号码 Ⅶ Ⅱ 01142702 科　目：银行存款 对方科目：销售费用 签发日期：2013 年 12 月 19 日 收款单位：广东石云广告设计 　　　　　公司 金　额：¥1500.00 用　途：付广告费 单位主管：秦海　会计：鲍婧	中国工商银行转账支票　　　支票号码 Ⅶ Ⅱ 01142702 签发日期 贰零壹叁 年 壹拾贰 月 壹拾玖 日 收款单位：广东石云广告设计公司　签发单位账号 08-86538002829

人民币（大写）壹仟伍佰元整

	十	万	千	百	十	元	角	分
		¥	1	5	0	0	0	0

本支票付款期限十天

用途　　付广告费　　　　　　　　　　　银行会计分录：

上列款项申请由　　　　　　　科目（借）
我公司账户内付给　白云广告设计公司　对方科目（贷）

付讫日期　年　月　日

签发单位盖章　　　　　出纳　复核　记账

支票存根

中国工商银行
支票存根
支票号码 Ⅶ Ⅱ 01142702
科　目：银行存款
对方科目：销售费用
签发日期：2013 年 12 月 19 日

收款单位：广东石云广告设计公司
金　额：¥1500.00
用　途：付广告费
单位主管：秦海　会计：鲍婧

广东省广告业专用发票

发票联

付款单位：深圳豪佳业实业有限责任公司　2013 年 12 月 19 日　　　　　No.0056382

项　目	单位	数量	单价	金　额							
				十	万	千	百	十	元	角	分
广告费	次	1	1500		¥	1	5	0	0	0	0
合计人民币（大写）壹仟伍佰元整					¥	1	5	0	0	0	0

单位（盖章）：广东石云广告设计公司　　　　开票人：张华

（15）12 月 20 日，发生业务如下：

业务一：

广东省增值税专用发票

开票日期：2013 年 12 月 20 日　　　　　　　　　　　　　　　No. ******

购货单位	名称	深圳豪佳业实业有限责任公司				纳税人登记号																	
	地址、电话	深圳市龙翔大道2766 号 825342				开户银行及账号					中国工商银行深圳市分行龙翔支行 622206488896												

商品或劳务名称	计量单位	数量	单价	金额									税率（%）	税额								
				百	十	万	千	百	十	元	角	分		百	十	万	千	百	十	元	角	分
不锈钢	千克	800	49			3	9	2	0	0	0	0	17				6	6	6	4	0	0
合计				¥		3	9	2	0	0	0	0			¥		6	6	6	4	0	0

价税合计（大写）	肆万伍仟捌佰陆拾肆圆整　　　（小写）¥45864.00

销货单位	名称	惠州万可达不锈钢厂	纳税人登记号	*********
	地址、电话	*********	开户银行及账号	*********

第二联：发票联

转账支票

中国工商银行	中国工商银行转账支票　　　　　支票号码 VII II 011426359
支票存根	签发日期 贰零壹叁 年 壹拾贰 月 贰拾 日
支票号码 VII II 011426359	收款单位：惠州万可达不锈钢厂　签发单位账号 *********
科　目：银行存款	
对方科目：在途物资	人民币（大写）肆万伍仟捌　　百 十 万 千 百 十 元 角 分
签发日期：2013 年 12 月 20 日	佰陆拾肆圆整　　　　　　　　　　¥ 4 5 8 6 4 0 0
收款单位：惠州万可达不锈钢厂	
金　额：¥45864.00	本支票付款期限十天
用　途：购买材料	用 途　购买不锈钢　　　银行会计分录：
	上列款项申请由　　　科目（借）_____在途物资_____
	我公司账户内付给　　　对方科目（贷）_____银行存款_____
	付讫日期 2013 年 12 月 20 日
单位主管：李莉　会计：鲍婧	签发单位盖章　　　出纳：白姗姗　复核：李莉　记账：鲍婧

业务二：

中国公路广东省汽车客票
CHINA H（⊗）IGHWAY 广客　A6739062

深圳至广州

　　　　　　　　票价（全）：¥70.00

售票员乘车日期开车时间车次座号
401　　2013.11.30　　14：30　835　36
当日当次有效，票价含旅客保险金，附加费。
检过作废。

中国公路广东省汽车客票
CHINA　HIGHWAY 广客　B3354847

广州至深圳

票价（全）：¥70.00

售票员　　乘车日期开车时间车次座号
　202　　2013.12.20　　10：45　　746　　03
当日当次有效，票价含旅客保险金，附加费。
检过作废。

广东省广州市出租车统一车票
发票联

244010911441
2154538

此发票手写无效
电话　　87371470
车号　　粤 A374M7
证号一
日期　　2013-12-11
上车　　17：25
下车　　17：45
单价　　2.6元
里程　　55.77km
候时　　00：01：30
金额　　¥145.00
卡号　　----

166056 广州新华印务公司

广东省广州市出租车统一车票
发票联

244010211651
37012974

此发票手写无效
电话　　86299285
车号　　粤 A847C1
证号一　0001
日期　　2013-12-14
上车　　09：00
下车　　09：22
单价　　2.6元
里程　　65.02km
候时　　00：02：01
金额　　¥169.00
卡号　　----

166056 广州新华印务公司

广东省广州市宾馆专用发票
发票联

单位（姓名）　黄良清　　　　　　　　　　　开票时间：2013 年 12 月 20 日

起止时间	自 2013 年 11 月 30 日至 2013 年 12 月 20 日				共 20 天						
项目	房间号	天数	单价	摘要	金额						
					万	千	百	十	元	角	分
住宿（单人间）	2106	20	110		¥	2	2	0	0	0	0

合计：人民币（大写）贰仟贰佰元整

收款人：吴明

差旅费报销单

单位：办公室　　　　　　　　2013 年 12 月 20 日

出发地				到达地				公出补助			车船飞机费	卧铺	宿费	市内车费	邮电费	其他	合计金额
年	月	日	地点	年	月	日	地点	天数	标准	金额							
2013	11	30	深圳	2013	11	30	广州				70						70
2013	12	11	广州	2013	12	11	广州	20	50	1000			2200	145			3345
2013	12	14	广州	2013	12	14	广州							169			169
2013	12	20	广州	2013	12	20	深圳				70						70

合计人民币（大写）叁仟陆佰伍拾肆元整　　　¥3654.00

备注	附单据柒张

主管：李莉　　　会计：鲍婧　　　出差人员：黄良清

收据

2013 年 12 月 20 日　　　　　　　　第 *** 号

今收到　黄良清		
人民币（大写）壹仟叁佰肆拾陆元整　　¥1346.00		
事由：归还原出差剩余款	现金	
	支票第　　号	
收款单位	财务部　财务主管　李莉	收款人　白姗姗

第二联 记账凭证

（16）12 月 21 日，发生业务如下：

公路货运收费发票

发票联　　　　　　　　　　　　　　　　NO.00056

开户银行及账号：中国工商银行惠州分行惠阳支行 15236598478　　　2013 年 12 月 20 日

托运单位	惠州万可达不锈钢厂	受理单位	惠州快捷运运输公司	受理编号	15
装货地点	广东省惠州市莲花路 5 号	承运单位	惠州快捷运运输公司	运输合同	
卸货地点	广东省深圳市龙翔大道 2766 号	计吨办法		计费里程	
货物名称	单位	包装	规格	重量	货等级	周转量	空驶费率	比价率	金额
不锈钢	千克			800					800
包车原因			包车费率		
加减成条件				加减成　%	
合计金额	（大写）捌佰元整		合计	¥800.00	

制票单位：惠州快捷运运输公司　　制票人：高可　　复核：孔文静　　收费章：
（请收款单位或收款人在背面盖章）

收料单

发票号：*****　　　　　　　2013 年 12 月 21 日

供应单位	惠州万可达不锈钢厂		材料类别及编号		（略）	
材料名称及规格	单位	数量		实际成本		
		发票	实收	发票价格	运杂费	合计	单价
不锈钢	千克	800	800	39200	800	40000	50.00
备注						

核算：　　主管：李莉　　保管：李佳　　检验：　　交库：

（17）12 月 22 日，发生业务如下：

转账支票

中国工商银行 支票存根 支票号码 VII II 01142622 科　目：银行存款 对方科目：财务费用 签发日期：2013 年 12 月 22 日 收款单位：中国工商银行深圳市支行 金　额：¥6000.00 用　途：支付长期借款利息 单位主管：秦海　会计：鲍婧	中国工商银行转账支票　　　　支票号码 VII II 01142622 签发日期 贰零壹叁 年 壹拾贰 月 贰拾贰 日 收款单位：工商银行深圳市支行　签发单位账号 08-86538002829

人民币（大写）陆仟元整

百	十	万	千	百	十	元	角	分
		¥	6	0	0	0	0	0

本支票付款期限十天

用途 支付利息　　　　银行会计分录：
上列款项申请由　　　科目（借）_____
我公司账户内付给　　对方科目（贷）_____
　　　　　　付讫日期　年　月　日
签发单位盖章　　　　　出纳　复核　记账

（18）12 月 25 日，发生业务如下：

转账支票

中国工商银行 支票存根 支票号码 VII II 01142792 科　目：银行存款 对方科目：预付账款 签发日期：2013 年 12 月 25 日 收款单位：深圳市邮电局 金　额：¥800.00 用　途：报纸杂志费 单位主管：秦海　会计：鲍婧	中国工商银行转账支票　　　　支票号码 VII II 01142792 签发日期 贰零壹叁 年 壹拾贰 月贰拾伍日 收款单位：深圳市邮电局　签发单位账号 08-86538002829

人民币（大写）捌佰元整

百	十	万	千	百	十	元	角	分
				¥	8	0	0	0	0

本支票付款期限十天

用途 报纸杂志费　　　　银行会计分录：
上列款项申请由　　　科目（借）_____
我公司账户内付给　　对方科目（贷）_____
　　　　　　付讫日期　年　月　日
签发单位盖章　　　　　出纳　复核　记账

广东省邮政业专业发票

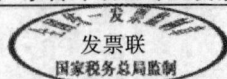

发票联
国家税务总局监制

付款单位：深圳豪佳业实业有限责任公司　2013 年 12 月 25 日

项目内容	单位	数量	单价	金额							备注
				十	万	千	百	十	元	角	分	
报纸杂志费						¥	8	0	0	0	0	
合计人民币（大写）捌佰元整						¥	8	0	0	0	0	

开票人：李惠　　　　收款人：白俊文　　　　单位名称（盖章）：

（19）12月28日，支付本月电费20720元，水费14400元。

转账支票

中国工商银行	中国工商银行转账支票　　　　　　　支票号码Ⅶ Ⅱ 01142789
支票存根	签发日期 贰零壹叁 年 壹拾贰 月 贰拾捌 日
支票号码Ⅶ Ⅱ 01142789	收款单位：深圳市供电局　 签发单位账号 08-86538002829

人民币（大写）贰万零柒佰贰拾元整

	百	十	万	千	百	十	元	角	分
			¥2	0	7	2	0	0	0

科　目：银行存款
对方科目：应付账款
签发日期：2013 年 12 月 28 日
收款单位：深圳市供电局
金　额：¥20720.00
用　途：缴纳电费

本支票付款期限十天

用途 缴纳电费　　银行会计分录：
上列款项申请由　　科目（借）_____
我公司账户内付给　对方科目（贷）_____
付讫日期　年 月 日

单位主管 秦海　会计 鲍婧
签发单位盖章　　出纳　复核　记账

深圳市水电费统一发票

客户名称：深圳豪佳业实业有限责任公司　　　2013 年 12 月 28 日　　　No.00085367

项目名称	单位	数量	单价	金额
电费	千瓦时	32889	0.63	20720

合　计　人民币（大写）贰万零柒佰贰拾元整　¥20720.00

开票单位（盖章）：深圳市供电局　　　　收款人：刘文

转账支票

中国工商银行	中国工商银行转账支票　　　　　　　支票号码Ⅶ Ⅱ 01142790
支票存根	签发日期 贰零壹叁 年 壹拾贰 月贰拾捌日
支票号码Ⅶ Ⅱ 01142790	收款单位：深圳市供水公司　 签发单位账号 08-86538002829

人民币（大写）壹万肆仟肆佰元整

	百	十	万	千	百	十	元	角	分
		¥1	4	4	0	0	0	0	0

科　目：银行存款
对方科目：应付账款
签发日期：2013 年 12 月 28 日
收款单位：深圳市供水公司
金　额：¥14400.00
用　途：缴纳水费

本支票付款期限十天

用途 缴纳水费　　银行会计分录：
上列款项申请由　　科目（借）_____
我公司账户内付给　对方科目（贷）_____
付讫日期　年 月 日

单位主管 秦海　会计 鲍婧
签发单位盖章　　出纳　复核　记账

深圳市水电费统一发票

2013 年 12 月 28 日

No.00042563

客户名称：深圳豪佳业实业有限责任公司

项目名称	单位	数量	单价	金额
电费	m³	10667	1.35	14400
合 计	人民币（大写）壹万肆仟肆佰元整		¥14400.00	

开票单位（盖章）：深圳市供水公司　　　　　　　收款人：王小彦

（20）12 月 31 日，分配本月工资费用。

深圳豪佳业实业有限责任公司工资费用分配汇总表

2013 年 12 月 31 日

借方科目 ＼ 部门	应分配金额（元）			合 计
	工人	车间	行政	
生产成本——吊灯	15000			15000.00
生产成本——台灯	8000			8000.00
制造费用		5000		5000.00
管理费用			12000	12000.00
合 计	15000	5000	12000	32000.00

主管：李莉　　　　　审核：卢明　　　　制单：鲍婧

（21）12 月 31 日，按本月职工工资的 14% 计提本月职工福利。

深圳豪佳业实业有限责任公司职工福利费用发生表

2013 年 12 月 31 日

部门		福利费金额
车间生产工人	吊灯	¥2100.00
	台灯	¥1120.00
车间管理人员		¥700.00
行政管理人员		¥1680.00
合 计		¥5600.00

主管：李莉　　　　　审核：卢明　　　　制单：鲍婧

（22）12 月 31 日，计提本月固定资产折旧（固定资产月初余额见期初余额表，月综合折旧率为 0.4%，按直线法计提）。

固定资产折旧计算表

2013 年 12 月 31 日

部门		月初固定资产原值	月折旧率（%）	折旧额
生产车间	房屋建筑物	—		—
	机器设备	814867.00	0.4	3259.49

续表

部门		月初固定资产原值	月折旧率（%）	折旧额
机修车间	房屋建筑物	—	—	—
	机器设备	—	—	—
厂部	非生产用	283690.00	0.4	1134.76
合　计		1098557.00	0.4	4394.25

主管：李莉　　　审核：卢明　　　制单：鲍婧

（23）12 月 31 日，分配本月水费和本月电费。

电费分配表
2013 年 12 月 31 日

部门	数量	金额（元）
生产车间	31746	20000
行政部门	1143	720
合　计	32889	20720

主管：李莉　　　审核：卢明　　　制单：鲍婧

水费分配表
2013 年 12 月 31 日

部门	数量	金额（元）
生产车间	10074	13600
行政部门	593	800
合　计	10667	14400

主管：李莉　　　审核：卢明　　　制单：鲍婧

（24）12 月 31 日，结转深圳豪佳业实业有限责任公司本月制造费用（按照两种产品生产数量比例进行分配）。

制造费用分配表
2013 年 12 月 31 日

项目	总账科目	明细科目	金额
应借科目	生产成本	吊灯	23100.00
应借科目	生产成本	台灯	46200.00
应贷科目	制造费用		69300.00

制表：鲍婧

（25）12 月 31 日，结转本月完工产品成本（假定生产产品全部完工，共 400 台），完成完工产品成本计算表。

完工产品成本计算表

2013 年 12 月 31 日

产品种类 / 成本项目	吊灯			合计
直接材料				
直接人工				
制造费用				
总成本				
单位成本				

审核：鲍婧　　　　　　　　　　制单：王丹丹

入库单

生产部门：生产车间　　　　　　2013 年 12 月 31 日　　　　　　第 *** 号

物品名称	规格	单位	送验数量	实收数量	金额										备注
					千	百	十	万	千	百	十	元	角	分	
吊灯		套	400	400											
合　计															

第三联：会计记账

单位主管：秦海　　会计主管：李莉　　验收人：孙光明　　交库人：刘子

（26）12 月 31 日，发出 16 日销售给广州幻彩灯饰有限公司的吊灯 200 台。将出库单填制完整。

出库单

用途：销售　　　　　　2013 年 12 月 31 日

货号	品名	单位	数量	单价	金额	备注
	吊灯	台	200			
合　计	人民币（大写）				¥	

记账：鲍婧　　保管：白燕　　检验：孙光明　　制单：王启

（27）12 月 31 日，计算本月应交城市维护建设税和教育费附加。

财务部门填制应交增值税计算表：

应交增值税计算表

2013 年 12 月 31 日

项目	当期销项税额	当期进项税额	当期应纳增值税
金额			

制单：鲍婧

财务部门填制应交城建税教育费附加计算表：

应交城建税教育费附加计算表
2013 年 12 月 31 日

项　目	提取依据	税费率	提取金额
城建税			
教育费附加			

制单：鲍婧

（28）12 月 31 日，将收入类、费用类账户结转"本年利润"账户，填制该业务记账凭证。企业可编制"内部转账单"作为该业务的原始凭证，也可以不编制（此时，该业务记账凭证没有附件）。

深圳豪佳业实业有限责任公司内部转账单
2013 年 12 月 31 日

项　目	科　目	金　额
应借科目	本年利润	
应贷科目	管理费用 销售费用 财务费用 营业税金及附加 主营业务成本	

制表：鲍婧

深圳豪佳业实业有限责任公司内部转账单
2013 年 12 月 31 日

项　目	科　目	金　额
应借科目	主营业务收入	
应贷科目	本年利润	

制表：鲍婧

（29）12 月 31 日，计算本月应交所得税，并结转。

假设本企业利润项目与税法无差异，利润总额则为应纳税所得额。企业可以填制"内部转账单"作为此业务的原始凭证，也可以不填制（此种情况下该业务无原始凭证）。

深圳豪佳业实业有限责任公司内部转账单
2013 年 12 月 31 日

项　目	科　目	金　额
应借科目	所得税费用	
应贷科目	应交税费——应交所得税	

制表：鲍婧

深圳豪佳业实业有限责任公司内部转账单

2013 年 12 月 31 日

项 目	科 目	金 额
应借科目	本年利润	
应贷科目	所得税费用	

制表：鲍婧

（30）12 月 31 日，结转本年净利润。将内部转账单填制完整并编制该业务的记账凭证。

深圳豪佳业实业有限责任公司内部转账单

2013 年 12 月 31 日

项 目	科 目	金 额
应借科目	本年利润	
应贷科目	利润分配——未分配利润	

制表：鲍婧

（31）12 月 31 日，按净利润 10%提取法定盈余公积，按 40%分配利润。编制业务的记账凭证。

企业财务部门可根据该计算结果填制"内部转账单"，也可以不填制（此种情况下该业务无原始凭证）。

深圳豪佳业实业有限责任公司内部转账单

2013 年 12 月 31 日

项 目	科 目	金 额
应借科目	利润分配——提取盈余公积	
应贷科目	盈余公积	

制表：鲍婧

深圳豪佳业实业有限责任公司内部转账单

2013 年 12 月 31 日

项 目	科 目	金 额
应借科目	利润分配——应付股利	
应贷科目	应付股利	

制表：鲍婧

（32）12 月 31 日，结转利润分配账户。将内部转账单填制完整并编制该业务记账凭证。

企业财务部门可填制"内部转账单"，也可以不填制（此种情况下该业务无原始凭证）。

深圳豪佳业实业有限责任公司内部转账单

2013 年 12 月 31 日

项　目	科　目	金　额
应借科目	利润分配——未分配利润	
应贷科目	利润分配——提取盈余公积 利润分配——应付股利	

制表：鲍婧

【考核与评价】

学生操作完毕后，实训指导教师和学生应当及时进行总结。

（1）学生撰写会计综合模拟实训总结报告（主要总结实训的收获）。

（2）实训指导老师对整个实训作总评。

（3）实训指导老师评定学生实训成绩。

评分标准如下：

（1）学生完全熟悉整个会计核算程序，证、账、表的编制准确无误，书写清晰，格式正确，结果正确。完全符合核算要求。（90~100 分）

（2）学生熟悉财务整个会计核算程序，证、账、表的编制基本准确，书写认真，格式无误，结果正确。符合核算要求。（80~90 分）

（3）学生比较熟悉整个会计核算程序，证、账、表的编制基本准确，书写认真，格式无误，结果基本正确。基本符合核算要求。（70~80 分）

（4）学生基本了解整个会计核算程序，证、账、表的编制大部分准确，个别地方有错误，书写尚工整，格式基本正确。基本符合核算要求。（60~70 分）

（5）学生不太了解整个会计核算程序，证、账、表的编制大部分有错误，书写潦草，格式有误。不完全符合核算要求。（60 分以下）